「子どもの論理」で創る
国語の授業

―書くこと―

白坂洋一 編著
香月正登

「子どもの論理」で創る
国語授業研究会 著

明治図書

白坂洋一
香月正登 編著

「子どもの論理」で創る
国語授業研究会 著

—書くこと—

「子どもの論理」で創る国語の授業

子どもの論理＝
子どもの思考の文脈に沿って
授業を形づくることで、
深い学びを実現する！
確かな
題材分析＋授業構想 で創る
新しい国語授業

明治図書

はじめに

1　子どもの「困った」に寄り添う

　学校生活の中で，子どもたちは実にたくさんの「書く」機会がある。例えば，日記，行事作文，読書感想文など，年間を通じて「書く」機会は多い。しかし，これほど多くの機会があるにもかかわらず，その度に，困っている子どもたちがいる。作文用紙が一方的に配られ，そして，「なんでも良いから，自由に書きましょう」と教師に指示される。指示されてからの，書き始め約5分で，子どもたちの姿は，以下のような4つのグループに分類される。

---

①書くことが決まって，すらすらと書き出す子
②書くことは決まったが，どう書けばよいかで悩んでいる子
③書くことが決まらず，何を書こうかと考えている子
④書くことをあきらめている子

---

　②〜④の子どもたちは，書き始めの段階ですでに困っている状況にある。例えば，この4つのグループが均等の数だと仮定する。そう考えると，学級の4分の3の子どもたちは，困っている。子どもたちの「困った」に耳を傾けてみよう。困っている子どもは，きっと，こう言うだろう。
　「何をどう書けばいいかがわからない。」

2　書くことは，考えること

　これまでの「書くこと」指導では，生活作文や物語づくりなど，主に文学的文章を書くことが目的とされていた。文学的表現に価値が置かれ，生活の実感を率直に述べ，感動的な内容が重視されていたといえよう。
　国語授業における「書くこと」領域が抱える主な課題は何か。以下のように，3つにまとめることができる。

A　書くことに対する子どもたちの抵抗感
B　指導の順序性の硬直化
C　生活文，虚構作文への偏重

　Aについて，例えば，授業や課題で生活作文や随筆，紹介文や報告文等の書くことを取り上げたとしよう。すると，抵抗感や拒絶感を抱く子どもたちも少なくない。子どもたちの中には何を，どう書けばよいのかがわからない，紹介文と報告文の違いがわからないといった要因がある。しかし，それだけでなく，自然と書き始めることができるほど，「書くこと」が日常化されていないといった要因もある。

　Bでは①題材設定や情報収集，内容検討→②構成検討→③考えの形成，記述→④推敲→⑤共有と，どの文種でも同じような順序で指導が行われていることである。指導の順序性が硬直化することにより，文種の違いもわからない，何を学んだのかがわからないまま活動に重きが置かれる。上記の5つの学習過程は，指導の順序性を示すものでは決してない。必ずしも順番に指導する必要はなく，文種や児童の実態に応じて入れ替え可能なのである。指導の順序が形骸化，硬直化してしまっていることに課題がある。

　Cでは「書くこと」においてこれまで取り上げられていた内容の多くが生活文や物語づくりなどの虚構作文であったということである。案内やお礼の手紙といった実用的な文章，説明文を生かした論理的文章を取り上げることがこれまでは少なかったといえる。

　では，学習指導要領で「書くこと」領域に求められているものは何か。中学年の「B書くこと(1)」を取り上げてみる。

ア　相手や目的を意識して，経験したことや想像したことなどから書くことを選び，集めた材料を比較したり分類したりして，伝えたいことを明確にすること。（下線部　筆者）

　下線部に着目すると，論理的な思考力や伝え合う力の育成の観点から，学

習過程において「比較・分類等」の学び方の育成を目指す資質・能力が具体的に付加されていることがわかる。学習指導要領を考慮すると，「書くこと」領域において，今後は論理的な思考力・表現力が問われてくる。そのためには，実生活で実用的な文章，論理的文章を系統的に継続して書く指導の必要性があるといえる。

「書くこと」は，書き手自身のものの見方・考え方が最も総合的に発揮される行為である。

書くことは，「考える」ことである。

ただやみくもに書かせるだけでは，決して書く力は育たない。また，単なる書き方指導のみにとどまらず，思考を巡らせ，他者とつながるためにも，書く力を育てたい。

3 子どもの論理で創る国語授業―「表現欲求」と「表現方法」を育てる―

家庭学習も含め，学校生活において，子どもたちは実にたくさんの「書く」機会がある。ことばに対する見方・考え方を働かせながら，内容や技法，構成などを活用して文章表現していくのだから，書くことは「考える」行為そのものでもある。

子どもたちの「書く力」を育てるために，「表現欲求」と「表現方法」をねらいとした指導が必要だと私たちは考えている。

「表現欲求」とは，「書きたい」という思いである。内容だけでなく，その思いが膨らんだときに，子どもたちは「書くこと」を通して表現する。日記などの家庭学習や業間指導などで継続的に取り組む中で，書くことは日常化され，欲求が高まるといえる。

また「表現方法」とは，知識・技能である。書く内容とともに，個々の思いを表現するのに方法は必要である。効果的な表現方法を授業の中で教えていく必要がある。

本書が明日の授業を変えるきっかけとなる1冊になれば幸いである。

編著者　白坂　洋一

CONTENTS

第3章
「子どもの論理」で創る文学的作文の授業

第4章
「子どもの論理」で創る説明的作文の授業

第1章

「子どもの論理」で創る 書くことの授業とは

1 書くこと指導の壁と向き合う
―３Ｎを理解し，３Ｎを乗り越える

1 はじめに

　子どもたちに圧倒的不人気を誇る書くこと。作文と聞いただけで拒絶反応し，ノートに書くことさえも嫌がる。ここまで嫌われると，やはり，そこには大きな何かがあるのだと思う。

「書きたくない」 「書くことがない」 「書けない」

　先生たちを悩ませる３つの「ない」。便宜上，「３Ｎ」と呼んでいるが，この言葉を聞くと，心が折れそうになる。しかし，書けなくていいと思っている子は一人もいないのかもしれない。書けるようになりたいと思っていることの裏返しもあるだろう。田中宏幸（2013，p.113）は，書くことの実践上の課題を次のように述べる。

　　書くこと（作文）の学習指導における実践上の課題は，「表現内容（想）の発見」と「表現様式（形）の習得」とをいかに統合していくかというところにある。学習者は，書く内容を見つけることができ，書き方に見通しが持てるようになると，表現意欲を高め，進んで書くようになる。

　書きたい想いと書ける見通し。子どもたちの内面にしっかり根付かせていくことができれば，今，生きているこの世界の見え方もより色鮮やかに，変化に富んだものに見えてくるだろう。

書くことは，国語科という一教科に留まらず，子どもたちの人間性，ものの見方・考え方にも直結する。まずは，書くことがどれほど大変な仕事か，３Nの背景を理解することからはじめてみる。

2 「書くこと」指導の壁

３Nの背景には何があるのか。もちろん，それぞれが独立した背景を持っているわけではない。複合的というのが当然の見方だが，そこから抽出できる問題として言語発達上の壁，生活実感の壁，技能習得の壁がある。

(1)言語発達上の壁

この問題がもっとも大きな壁のようにも感じられるが，話し言葉は自然習得が可能であるのに対して，書き言葉の習得には，高次精神機能，いわゆるメタ認知機能が必要である（桑原隆，2017，p.1）という。

　乳幼児は，話し言葉そのものを意識することなく獲得してしまうのが特徴である。この過程は，言葉をガラスにたとえて，ガラスの理論とよばれている（ヴィゴツキー）。乳幼児の意識や注意は，透明なガラス（言葉）の向こう側に見える対象や意味に専ら向けられていて，ガラス（言葉）そのものには向けられていないのである。ヴィゴツキーの主たる主張は，ガラスの理論そのものではなく，書き言葉の習得は，ガラスの理論のようにはいかないで，そこには高次精神機能が必要になってくる，というものである。

こうした大変さを幾度も味わってしまえば，書くことに対する興味・関心を遠ざけてしまうのは当然の帰結だろう。困難さを乗り越えてそこに喜びが待っていれば肯定的にもなろうが，疲労感しか残らなければ次に向かう意欲は失せる。

また，書き言葉は，私たち大人や社会が子どもに強いる言語文化である。一次的ことば，二次的ことばという枠組みを使って言葉の発達を説明した岡本夏木（1985，p.78）は，二次的ことばを獲得する児童期を，子どもの側か

ら捉え直し，以下のように述べている。

　　児童期とは，子どものことばがおとな社会のことばにさらされ，それへ
　の同化を強く求められる場ではなかろうか。そしてことばは常にその背景
　に文化をもつ限り，それは一次的ことばによってになわれてきた子どもの
　文化に対して，二次的ことばをそのにない手とするおとなの文化の浸蝕が
　いよいよ開始される時期であることを見落としてはならないだろう。子ど
　もはそうした異質のことばや文化に対して，それまで自分の中に育ててき
　たことばや文化でもってどう対処しようとするのか，それは決して平和な
　時期ではないのである。

　一次的ことばは，親密な間柄の中で，「今，ここ」を共有し，会話の中で
育まれる話し言葉の世界である。思いがつながり心地よい空間であろう。し
かし，二次的ことばは，現実場面を離れ，言葉の文脈だけで，見えない他者
に真意を伝える書き言葉の世界である。子どもたちの内面ではさまざまな葛
藤が繰り広げられ，二次的ことばの拒否という問題も起こり得る。
　子どもたちはこうした困難さに立ち向かっていると考えれば，書く機会を
増やすとか，書き方を教えるとか，そういう表層の解決策では対応できない
ことは明らかである。もっと根本的な内面への寄り添いであるとか，先生の
子どもたちを見つめる温かな眼差しといったものが大事になる。

(2)生活実感の壁

　生活文という用語は，私たちの生活や身の回りのことを書いた文章という
意味で用いられている（田中俊弥，2018，p.104）。日記や行事作文は，その
代表的な例であろう。生活の中で起こった出来事をありのままに，かつ，い
きいきと語ることが求められる。しかし，生活文という独立した文章のジャ
ンルはそもそも成立しない。私たちが書く文種は，すべて生活をベースにし
ているからである。記録文，手紙文，案内状，報告文など然り，物語文とい
う虚構の世界とて，生活と切り離された作品など考えられない。どこかで何
かがつながっている。そういう意味ではすべてが生活であり，そこから目的

や相手，状況によって，文章の表現様式が変化するだけである。やはり，書くことの基底には，「生活」があり，そこから生み出されてきた言葉こそが「自分の言葉」というのにふさわしい。

　では，それだけの生活実感が子どもたちの中に備わっているかといえば，生活実感そのものが年々希薄になっているのが現実だろう。地域の行事に参加する，自然とたわむれる，生活の苦労を味わう，そういった体験の不足が言われて久しい。社会が発展する一方で，人間としての感覚を失っているとすれば皮肉なものである。先に示した一次的ことばが生活実感の伴った生活言語とすれば，岡本夏木（1985，p.163）が指摘した一次的ことばの貧困化はますます進行していることになる。そうした一次的ことばの上に実体性のない二次的ことばが築かれれば，生活感覚や自我というもっとも大事な部分が空洞化していくというのは頷ける話だろう。

　こうした壁に向き合うためにも，日々の小さな体験（生活）の中に，新たな発見を見出し，生活実感を湧かせ，書くこと，書きたいことを内在化していく指導にもっと注力していってはどうだろうか。今日の朝顔さんに一言，徒競走第1コーナーのつぶやき，今日の一句など，生活感覚を掘り起こすことで知らない自分と出会うこともできる。書くことがなければ，書くことを見つけに行こう！

(3)技能習得の壁

　書き方がわからないことによって，書く見通しがもてない。これは子どもだけの問題ではないが，ゴールが見えず，不安になることは誰しもが経験することである。

　書き方がわからないの内容として，まず考えなければならないのは，一文の書き方がわからないというレベルである。誰がどうした，何がなんだという主述の指導が必要になる。次に，表記法の問題である。句読点の打ち方，会話文の使い方など，その都度，比重をかけながら指導を入れていくことが必要になる。さらに，技法の問題である。ここまで来ると，文章は書ける状態で，より効果的な文章にすることが目的になる。さまざまな表現技法の効

果にふれ，子どもに取捨選択して使っていくように勧めたい。

　さて，書き方がわからないで，もっとも難しいのが文章の構成の仕方である。文を，あるいは，段落を，どうつなげていけばひとまとまりの文章になるのか，かなり俯瞰的な見方が必要になる。その負担を減らし，基本形として身につけたいのが「はじめ－中－終わり」の構成である。低学年であれば「大きなお話－小さなお話－まとめのお話」でよい。こうした生活の切り取り方自体が，生活を見つめ直すきっかけにもなる。

　ただし，技能習得の壁は，時間の壁でもある。当然のことながら，技能習得には時間がかかる。繰り返し，繰り返し，変化をもたせ，意識化を図りながら指導を進めていくことが必要になる。日常化を図ることによってしか解消されない問題である。

③ 指導観の転換

　書くことの指導は難しい。それは，書くこと自体が相当な難易度をもっているからであろう。書くことは他の言語領域の集積として，より言語文化的位置を有している。また，書く力を育てることで，その人の思想が育ち，一人の人間としての自立が促される。国語科が最終的に目指すのは，「書ける子ども」と言っても言い過ぎではないだろう。そのためにも，少しだけ書くことの指導観を変えてみる。変えなければ，現状を抜け出すことができないからである。

　まず変えたいのは，ただ書かせるのではなく，意図をもって書かせるということである。書くことは，書くことによってしか育たないのは当然のことである。しかし，ただ書かせるだけは本当によくない。学習活動が欠落した行事作文，読書感想文などはその代表例であろう。そのことによって，作文嫌いが生まれているとしたらこの問題は深刻に受け止めたい。

　次に，もっと書くことを楽しむ，書くことで遊ぶという視点である。整った文章を書くこと，課題解決のために書くことは大事なことだが，それだけでは身体が書くことに向かわない。どこかで書くことは楽しいと感じること

や，書き慣れるということが必要である。相手や目的など関係なく，今のもっている力で楽しむことを率先して取り入れてみたい。学年が上がるほどに求められる書く能力は高くなっていくが，まずは楽しむことから始めたい。

　さらに，作文は一人で取材し，一人で構成し，一人で書くという固定観念から脱したい。個人のパフォーマンスとしての書くことも大事だが，チームのパフォーマンスとしての書くことも十分考えられる。個々で書くことを主軸としながらも，さまざまな文章感覚をもつメンバーと，個人の構想や見方・考え方，書きぶりを検討し合うこともあるだろうし，チームとして課題を引き受け，何をどのように書くかを協議し，チームの成果として文章を書き上げることもできる。主軸はチームであり，個々の貢献度が評価である。こうした経験を経ていくことで，一人で書く力も育てていくことができるのではないかと考えている。

　最後に，もっとも変革を求めたいのは，評価である。到達度の評価は適正に行われなければいけないが，教育者として大事にしたいのは，個々の成長である。それぞれの成長を確かにフィードバックすることによって，それぞれの学習者が自信をつけていくことが一番である。そして，それは，作品主義的評価から書くことのプロセス評価への移行を意味する。子どもたちの書くことに向かう姿や発想力に評価の力点を置きたい。

　冒頭に挙げた３Ｎ（ない）は，子どもたちの責任ではなく，大人が，社会が生み出した現実である。だからこそ尚更，子どもの側から書くことを捉え直し，書くことに先生と子どもで協働して向かえる環境をつくりたい。それが本書の眼目である。

（香月　正登）

〈引用・参考文献〉
岡本夏木（1985）『ことばと発達』岩波新書
桑原隆（2017）「ガラスの理論とメタ認知」『月刊国語教育研究　No542』日本国語教育学会編
全国大学国語教育学会編（2013）『国語科教育学研究の成果と展望Ⅱ』，学芸図書
田中俊弥（2018）「生活文」『国語教育指導用語辞典　第五版』教育出版
田中宏幸（2013）「3　書くこと（作文）の学習指導過程・方法に関する研究の成果と展望」

2 書くこと学習の全体像
―「書く意欲」を育てる書くこと学習の要点

1 「書くこと」が目指す子どもの姿

　メモ，記録，日記，手紙，届け出，依頼状，レポート，議事録など，書く行為を挙げればきりがない。現代社会では，メールやブログといった SNS を含めると，書かない日はないのではないかとさえ思う。書く目的も人それぞれで，生活を円滑に送るため，他者と繋がるため，世界を変えるため，自身を見つめるため，自己を表現するためなど，多様に存在する。書くことは，私たちの日常生活を支え，文化を創り出している。

　それほど，私たちの生活に浸透し，切っても切れない書くこと。文字習得から多種多様な文種にもふれ，書くことの基礎を形成する児童期の書くことの学習が目指すのは何であろうか。もちろん，書ける子どもを育てることだろうが，はたしてそれだけだろうか。書き言葉は，話し言葉以上に内言活動を活性化する。この内言の発達がその子の人格形成には大きく関与する。また，書くことによって，子どもたちは自己というものを理解し，自己を築いていく（1985，岡本夏木，p.121）。書くことは，単に書ける，書けないという問題にとどまらず，人格形成という極めて重要な問題と関わっている。これは，書くことの教育全体で中心に据えなければならない課題である。

　そして，そうであるならば，国語科の書くことが目指すべきは，書ける子どもよりも，「書こうとする子ども」「書く意欲をもった子ども」ではないかと考えている。そういう子どもを育てるために，書くことの楽しさを体感すること，書けた！という実感をもつこと，書くことで自分を見つけることを何よりも大事にしたい。

2 「書く意欲」を育てる書くことの学習

　学習意欲という概念は，学習への意志と学習への欲求を併せ持った概念である（2013，鹿毛雅治，pp.2-3）。書けるようになりたいという意志と書きたいという欲求が書くための学びを生み出す。いくら書きたいという欲求があっても書けるようになりたいという意志が弱ければ，粘り強く書くことはできない。書けるようになりたいという意志があっても，書きたいという欲求が働かなければ書く行為そのものが生まれない。書けるようになりたいと書きたいが備わってこそ，書く力は伸びる。意図的・意識的であれ，無意図的・無意識的であれである。では，「書く意欲」を指導の中心に据えたとき，どのような指導体系を描けばよいのだろう。

⑴書くこと指導の基盤

　まずベースになるのは，常に書ける環境が用意されていることである。書ける環境とは，いつでも書ける，いつでも書いて遊べるということである。視写や聴写，ノートはもちろん，日常的に詩や俳句をしたためたり，なりきり作文，パロディーに挑戦したり，さまざまな場の設定が考えられる。1つの核になる書く活動が，言葉集めや題材集めにも発展するだろう。こうして，「書ける身体」[注1] が育っていくのである。

　そして，「書ける身体」を素地として身につけていきたいのは，書く内容を見つけるための「分析的な目」と書き表すための「書く技能」である。何を書くか，どう書くかの問題である。

　書くことは書く以前から始まっている。当然のことだが，書く内容が見つからなければ書くことはできない。その逆に，書く内容が見つかれば，書こうという意志も湧いてくるし，書きたいとも思える。中身が面白ければ面白いほど，思い入れが深ければ深いほど，書く意欲は膨らんでいくだろう。

　よく子どもたちは「書くことがない」というが，これも当然と言えば当然のこと。書く内容など，日頃から意識しているか，よほどインスピレーションが働かない限り簡単には見つからない。見つけるためには，日常の見たこ

と，聞いたこと，経験したこと，想像したこと，考えたことの中からこれだ！というものを見つけたり，その素材の内容を彫り上げたりする学びをくり返し，書く内容を発見する感覚や技能を身につけていかなければならない。取材ノートや言葉の貯金箱，ネタ帳はそのための有効な方法だろう。また，他教科と連携しながらさまざまな見方・考え方を働かせ，書きたい中身を創り出していくこともいい。そうして，日常を分析的に見る目が開かれていくのである。書くことは書くこと以前の指導にかかっている。

　「書く技能」は，書く内容を整えたり，演出したりする。また，書く技能が書きたい内容，書くべき内容を引き出していくこともある。書く技能もまた，書くことへの見通しを持たせ，書けた！という実感をもたらし，書く意欲を育てていくのである。書く技能は題材と書き手の思いを結び付けていくところに機能する。

　書く技能は，視写，メモ，記述，構成，技法など多岐に渡るが，中でも重点をかけたいのは「記述・構成」である。低学年は「文」を中心に，語と語，文と文とのつながり，中学年は「段落」を中心に，段落と段落のつながり，高学年は「文章」を中心に，文章全体のつながりを描き，記述できるようにしたい。こうした指導によって，書くことの論理性が育ち，書き手の想いが伝わる喜び，楽しさを味わうことができる。

　以上，「書く意欲」の育成を中心として，「書ける身体」「分析的な目」「書く技能」の3側面を概観してきたが，その関係性を図示すると以下のようになる。図からもわかるように，書ける身体をベースにしながら，書ける内容をつくり，書く技能を育てるといった階層性・段階性は取っていない。どちらからアプローチするかは子どもたちの実態や指導の重点によっ

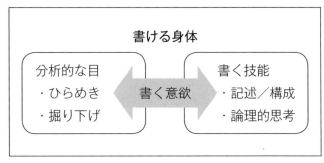

て決めるべきことである。書く内容を用意して，技能習得をねらうこともあるだろうし，題材を見つけることで学習を終えることがあってもよい。何よりも大事にしたいのは，「書く意欲」に向かっていくことである。

(2)書くこと指導の展開

　書くことは個別性の強い学習で，自らの内から書く内容を創出し，調整していかなければならない。それが利点でもあり，困難でもあるわけだが，書く力を高めるために，さらに次の２点を考えたい。１つは他者の位置付け，もう１つは，一回性のサイクルからの突破である。

　右図は，書く行為を循環として示したものである。選択とは，書く内容や述べ方・描き方の決定であり，記述とは，書き表す行為である。交流は書き上げた文章を読み合い，気づきを伝え合う。こうしたサイクルも２巡目に入れば，選択は，さらなる内容や書き方・描き方の決定となり，記述は，修正，書き直し，題材を変えての再チャレンジとなる。

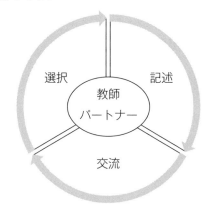

　まず，一点目の他者の位置付けの問題から言えば，書くことの学びは確かに一人で行う学習活動が多い。それが負担感を増したり，独り善がりを助長させたりするのでは書くことの学習の本意から外れてしまう。むしろ，より他者とかかわりながら，他者を取り込みながら学習を進めることが書くことの内言性を高め，それが書く活動の助けにもなるだろう。書くことの学習においても他者は極めて重要な存在である。しかし，それは「交流」だけに留まらない。

　交流は書き上げた文章を互いに読み合い，その文章から何が伝わってくるか，どこに素晴らしさを感じるか，どこに物足りなさを感じるかを他者の目を通して伝え聞く絶好の機会である。この場が設定されているか，いないかによって書くことの実感はまるで異なる。だが，交流は，プロセスの一過程

に留まる。やはり，「選択」「記述」の中でも，教師やパートナー，あるいは，メンバーのサポートが得られたら心強い。相談できる場や相手，時間が常に用意されている環境は重要である。また，個々のレベルに応じて，文章作成に関与してくれることは書くことへの励ましにもなる。

　もう１つの一回性のサイクルからの突破は，書くことの学習を１回のサイクルで終わらせず，２回，３回と重ねていくということである。書くことの学習は，すべてのプロセスを満遍なく行い，多くの時間を費やしてようやく原稿用紙３枚程度の文章が完成する。それは１つの単元モデルとして理解できるのだが，重点のかけ方や題材，文量によっては，書くことの学習サイクルは２回，３回とくり返すことができる。そのことによって，発想が広がり，書き方がわかり，自己の成長が実感できる。もちろん，このサイクルを帯単元として継続して行うこともできよう。

　以上，他者の位置付け，書くことの学習サイクルという問題を取り上げたが，こうした書くこと指導の展開は，書くこと指導の基盤に乗って一層の効果を発揮する。国語科という教科の枠組みでやらなければならないこと，教科の枠を超えてできることを見極め，教室に書くことの文化を築く。そのことによって，子どもたちの書くことへの「意欲」が育っていくことを願ってやまない。

３ 相手や目的に応じて書く

　最後に，書くことの指導で注意しておかなければならない問題を取り上げておきたい。文種（ジャンル）の指導の問題である。新学習指導要領（平成29年告示）国語では，文種は，言語活動例として，説明的文章，実用的文章，文学的文章の３つのカテゴリーに分けられ，以下のように示されている。

	低学年	中学年	高学年
文種	生活報告／記録文 日記／手紙 簡単な物語	調査報告／説明文 案内文／礼状 詩や物語	説明文／意見文 短歌や俳句 随想

　さて，ここで問題として派生するのは，こうした文種を，個別の形式として修得することが可能かという問題である。結論から言えば，それは不可能であろう。というより，そこにそれほどの価値はない。文種は文種として意識することは大事である。しかし，何より大事にしなければならないのは，相手や目的に応じて書くということだと考えている。例えば，手紙という形式１つとっても，相手が親しい友人の場合と面識のない他者の場合とでは，自ずと書きぶりは変わってくる。挨拶のため，交流のため，依頼のためなど目的もさまざまである。特定の人への報告か，不特定の人への報告か，見聞を広めるための報告か，実態を明らかにするための報告かもまた然り。つまり，文種ありきではなく，相手や目的によって，何を書くか，どのように書くかが決まるのである。

　さらに注目しておきたいのは，相手や目的に応じて書くプロセスの中で，さまざまな情報とどう向き合うか，どう使いこなすかである。学習指導要領国語で新設された「情報の扱い方に関する事項」には，共通・相違・事柄の順序（低学年），考えとそれを支える理由や事例・全体と中心・比較や分類（中学年），原因と結果・情報と情報の関係付け（高学年）などが指導事項として明示されている。これらは，私たちが情報とかかわり，整理するためには必要不可欠な知識・技能である。こうした知識・技能の獲得が書くことを確かで豊かなものにしていくことを理解しておきたい。

（香月　正登）

（注１）「書ける身体」とは，森川正樹（2008）『小１〜小６年　"書く活動"が10倍になる作文レシピ100例　驚異の結果を招くヒント集』明治図書に示された概念で，「空気を吸うように書く身体」を意味している。

〈引用・参考文献〉
岡本夏木（1985）『ことばと発達』岩波新書
鹿毛雅治（2103）『学習意欲の理論—動機づけの教育心理学—』金子書房
中井悠加（2018）「イギリスの創作指導」浜本純逸監修・武藤清吾編『中学校・高等学校　文学創作の学習指導—実践史をふまえて—』溪水社

3 書くことへのアプローチ
①ジャンル意識を育てる

1 状況や文脈に応じて，ジャンルは決まる

　「書くこと」は，書き手自身のものの見方・考え方が最も総合的に発揮される行為である。ただやみくもに書かせるだけでは，決して書く力は育たない。そこで，書く力を育てるため，ジャンル意識は大切である。

　ジャンルとは，紹介文，報告文，意見文などの文種を指す。実際，私たちがモノ・コトを書くときには，状況や文脈に応じて，ジャンルを使い分けていることに気づく。

　例えば，図書だよりやPTA新聞で，先生おすすめの本を紹介する状況が生じたとする。読み手である子どもたちや保護者の方を意識して，自分が紹介する本の大まかなあらすじ，そして，おすすめどころを文章に書いてまとめるであろう。なかには，おすすめの本のキャッチコピーを作成して紹介することもあるだろう。

　このように，状況や文脈に応じて，私たちは自然とジャンルを意識し，使い分けて書いている。そして，再び，同じような状況や文脈に出合ったとき，今度はジャンルを意識して，使い分けて書く。そこには，相手や目的への意識が欠かせない。

　このことは小森茂氏が提唱した「5つの言語意識」にも大きく関わる。小森氏の「5つの言語意識」とは，①相手意識，②目的意識，③場面・状況意識，④表現・理解の方法意識，⑤評価意識である。自分と相手とのコミュニケーション＝伝え合う力には必要不可欠の言語意識として氏は提唱している。特に①相手意識，②目的意識，③場面・状況意識は，書くことにおいても重

視したい点である。

　そこで本稿では，状況や文脈に応じてジャンルが当てはまることについて，以下，意見文の実践事例を取り上げて述べていきたい。

2　意見文の特徴と指導の実際—与えなくともジャンルは自然と決まる—

(1)「意見文」の特徴—説明文との比較から—

　「説明文」と「意見文」の違いは何か。それは文章を書く相手意識と目的意識の違いによる。「説明文」は，まさに物事を説き明かす文章であり，読み手に物事の内容を理解させる文章といえる。一方，「意見文」は，ある物事について自分の考えを述べる文章であり，読み手を説得する文章である。そのため，読み手を理解させるだけでなく，納得させるという結果まで含まれる。

　意見文の場合，自分とは異なる立場，考えをもつ他者の存在が前提としてある。そのため，意見文は，自分の意見とは異なる他者を説得することを意識して書く文章だといえる。意見文の特徴としては以下の３つを挙げることができる。

---

①ある物事についての自分の立場，考え（主張）を明確にすること
②主張によってどんな良い点があるかなど，主張を支える根拠を示すこと
③根拠を支える内容としてデータを示すこと

---

(2)意見文を書く—指導にあたって—

　意見文を書く指導にあたっては，次の３点に留意した。

ア　自分事としてとらえることができるような内容（問題意識をもつ）

　子どもたちが内容に対して，自分だったらどう考えるかという問題意識をもって意見文を書くことができるように，ここでは次のようなリライト教材を用いた。教材は文章の量（長さ）によって内容の詳しさが変わる。リライトした教材は，段落の役割が明確で，文章構成が整っている。そのために，

形式（型）を描きやすくなり，表現の仕方をよく理解できるという利点がある。また，リライト教材を活用することで，段落ごとのキーワードを適切に取り出せるという利点もあり，指導に生かすことができる。

　内容は，5月に小学生の交通事故が多いことを受けて，公道で子どもたちが安全に自転車を運転するのに「自転車運転試験制度」を取り入れたらどうかというものである。2つの立場の意見を比較し，子どもたちに「賛成か，反対か」を聞くことによって当事者意識をもって取り組むことができるようにしている。

　ア　本山さん

　　ぼくは，自転車のテストにさんせいです。

　　自転車の運転がまだ上手ではないのに，自転車に乗るのはきけんだからです。同じような事こがなんどもくり返されると思います。

　　ぼくもまだ自転車にはうまく乗れません。自転車に乗っても，まだまだふらふらしてしまったり，ブレーキもうまくできなかったりして，こわい思いをしています。だから，自転車のテストをすることで，安心して乗ることができる人もふえるとおもいます。

　　命は一つしかないので，まわりの人が悲しい思いをしないように，自転車のテストをすることが大事だと思います。

　イ　田村さん

　　わたしは自転車のテストに反対です。

　　自転車のテストをすることで，ぎゃくにふべんになることがたくさんあると思うからです。乗る人が安全運転をすることで，事こはくり返されないと思います。

　　わたしもまだ自転車にはうまく乗れません。ときどきこわい思いをすることもありますが，そのたびに，しんごうをかくにんしたり，車がこないかよく注意したりして，自転車には乗るようにしています。

　　ひとりひとりが安全をいしきして，自転車に乗ることのほうが，テストをすることよりも大切だと思います。

イ　話し合いを通して，考えを整理する（自分の立場，考えを明確にする）

　提示された内容について，自分はどう思っているのか立場を明確にして考えを話し合うという場を設定している。いきなり意見文を書くという活動は難しい。そのため，問題意識をもったところで意見を交流することを通して，自分とは違った立場や視点での意見を聞きつつ，自分の考えを整理することができるようにする。話し合いを進める中で教師は，「だったら，ここはどうなるのかな？」「ここは考えなくてもいい？」など，新たな視点を示し取り入れさせることで自分の考えを明確にしていく。

ウ　相手の意見に対して意見文を書く（根拠を挙げて説得力をもたせる）

　意見文を書く段階で意識させたのが，相手意識と目的意識である。別な立場の意見に対して自分の立場，考え（主張）によってどんな良い点があるかを示し説得する文章を書くようにしている。ここでは「相手の意見を受け止め，反論して意見文を書く」ようにしている。相手の意見をただ否定するだけでなく，「確かに～ですが，しかし～」という書き方を取り入れることによって，相手の立場，考えを受け止めた上で自分の意見を述べることを意識させている。

⑶意見文を書く―授業の実際（4年生）―

　リライト教材を示した上で，子どもたちに「あなたは自転車テストに賛成ですか，反対ですか」と問うた。黒板にネーム磁石で自分の立場を位置づけさせると，ある子から「どちらにするか迷っているから，みんなの考えが聞きたい」という声が上がったので，まず，迷っているという立場から「どこで迷っているか」について話をしてもらった。それは次のような内容であった。「賛成だと安全にはなるけれど，絶対とは限らないし，反対だとテストを受けなくても信号をきちんと守れるから迷っている」と。このある子の迷いを受けた上で全体交流をした。

　「例えば」で，自分の生活経験や相手の立場を取り入れることによる短所を述べたり，「もし～だったら」で自分の考えによってどんな良い点があるか，相手の立場を取ることによってどんな問題が生じるかを述べたりしてい

た。話題がそれてしまう場合は，教師の方で「だったら，この安全というこ
とについてはどう？」「安心して乗ることができるってことは考えなくても
いい？」など問い返すことで話題を深めていった。話題が「自転車運転試験
制度」ということもあって，自分事として問題意識をもった話し合いが展開
された。

　意見文を書く活動では，相手の意見を受け止め，反論して意見文を書くよ
うにしている。この場面で指導したのが，前述した意見文の特徴①ある物事
についての自分の立場，考え（主張）を明確にすること，②主張によってど
んな良い点があるかなど，主張を支える根拠を示すことである。

　具体的には，書き出し部分でどちらの立場なのか，その後に，「どこで」
そう考えたのかという根拠を書くように指導した。細かな部分ではあるが
「どうして」ではなく「どこで」と問うたところに意図がある。「どうして」
と問うと，子どもたちが書くのは「理由」である。「どこで」と問うと，そ
こには「根拠」が示される。根拠とはテキストにおける文・言葉，グラフや
図表，絵や写真などである。ここではリライト教材に示されている文・言葉
だといえよう。その際，引用をする必要がある。引用は「　」で括って正確
に書き写すということ，また，相手の意見をただ否定するだけでなく，「確
かに～ですが，しかし～」という書き方を取り入れることによって，相手の
立場，考えを受け止めた上で自分の意見を述べることを意識させている。

　子どもたちが書いた意見文は以下のようなものであった。賛成，反対，そ
れぞれの立場を示す。

〈賛成〉
　ぼくは自転車テストにさんせいです。田村さんの意見には「乗る人が安全運
転をすることで事こはくり返されないと思います」とあります。たしかに安全
をいしきして運転をするということは大切です。しかし，いしきすることと，
運転の技じゅつはちがいます。（中略）
　自転車テストをすることで，乗る人の技じゅつをかくにんすることもできる
ので，ぼくは自転車テストにさんせいです。

〈反対〉

　わたしは自転車テストに反対です。（中略）本山さんの意見には「自転車の
テストをすることで，安心して乗ることができる人もふえると思います」とあ
ります。たしかに乗る人にとってみると，テストをすることで安心できるかも
しれません。しかし，その安心が逆に事こをまねくのではないでしょうか。

　安全をいしきして運転をしつづけるためにも，わたしは自転車のテストに反
対です。

　いずれの意見文にも共通してみられるのは，文章構成に目を向けると，書
き出しで立場を明確にすること，その後に根拠を挙げることを条件づけては
いるものの，最後に主張をもう一度くり返すか，主張と根拠を要約する文章
を書いているという点である。これは相手意識と目的意識のあらわれでもあ
る。意見文の場合，自分とは異なる立場，考えをもつ他者の存在が前提とし
てあるため，自分の意見とは異なる他者を説得することを意識して書いてい
ることがわかる。

③ ジャンルは自然と決まる

　意見文は，自分の意見とは異なる他者を説得することを意識して書く文章
である。教師の側で意見文というジャンルを与え，ポイントを説明してから
書かせるというのも１つの方法である。

　しかし，子どもの学びに着目し，子どもの論理に目を向けたとき，意見文
を書く状況や文脈をつくることを大切にしたい。先述の授業実践にも挙げた
ように，ジャンルは自然と決まる。

　そして，子どもたちの中に自分の意見を書きたい，表現したいという欲求
や必要が生まれ，高まったときに書かせたい。表現欲求と表現方法は，切り
離すことができない。

（白坂　洋一）

3 書くことへのアプローチ
②「読む」と「書く」を関連させる

1 「読む」と「書く」の関連指導

　読み書き関連指導は，これまでに多くの実践がなされている。「書く」という活動は思考力をフル活用しなければならない活動であり，子どもたちにとってハードルの高い活動である。「何についてどのように書けばいいのか」を理解させなければ容易に書くことはできない。そこで，教材の論理を読むことでその論理を生かした書く活動を行うことが有効である。国語科は「ことばの力」を育む教科である。「書くこと」で言葉の関係性を思考し豊かに自己表現することのできる力をつけたい。

　書くことと読むことの関連指導は，３つに分類される。

> ①読解の過程に書く活動を関連させる指導
> ②読解した結果を書く活動に移転する指導
> ③書く活動の中に読みを導入する指導

　ここでは「読むこと」と「書くこと」を関連させた「書く活動」について「②読解した結果を書く活動に移転する指導」の実践をもとに児童の作品を紹介する。

2 「続き話」を書く

　物語の学習における読み書き関連指導の１つとして「物語づくり」がある。「続き話づくり」はその一端であるが，この活動によって児童は，その物語の論理を生かしながら現実と虚構の間を往還し，自分の経験を抽象化する。

そしてその活動により，認識力（ものの見方・考え方・感じ方）を身に付けていくと考える。

⑴ 「わらぐつの中の神様」（光村図書・5年）の実践

　単元名は，「物語の続き話を書こう」である。物語の結末に対して「マサエはおじいちゃんに何と言ったのかな」という感想をもった児童の意見を生かし，読み取ったテーマを表す続き話を書かせる。キーワードである「わらぐつ」に対する人物の見方を対比・類比したり，「おみつさんとわらぐつ」「大工さんとおみつさん」などを関連づけたりすることでテーマに迫り，物語をより深く味わわせる。また，額縁構造の効果を考えさせ，その構造により物語のおもしろさ（テーマ）が付加，強調されていることをとらえさせる。そして，人物の関係や変容，また情景描写の効果を考えて続き話を書かせた。

　「おじいちゃん，この雪下駄覚えてる？」
　マサエは，胸に抱えた雪下駄をおじいちゃんの前に差し出しました。おじいちゃんは，その雪下駄を見ると一瞬赤くなったようでしたが，
「昔のことでよく覚えておらんのう。」
と目をそらし，服についた雪を払いました。そのあと，
「ばあちゃんは，ずっとこの雪下駄をもっとんたんか？」
とマサエに聞きました。
「うん。おばあちゃんに話を聞いたよ。おばあちゃんが一生懸命編んだわらぐつも，おじいちゃんが一生懸命働いて買った雪下駄も本当にすてき。おばあちゃんが『わらぐつの中に神様がいる』って言ったけど，私はこの雪下駄にも神様がいるって思うよ。」
　おじいちゃんは，その言葉を嬉しそうに聞きながら，「寒かったのう」と，おばあちゃんのいるこたつに入りました。それから，おばあちゃんに言いました。
「あんな昔のもん，まだもっとったんか。」
「はいはい。大事なものですから。」
「一度もはかずに…。」
おばあちゃんはにこにこ笑っています。その様子を見ていたお母さんは
「どれどれ，お茶でもいれますかね。」
と，台所に行きました。マサエはおじいちゃんおばあちゃんと，こたつの上

に置いた雪下駄を見つめていました。
「…なんだかすてきだな…。」
マサエは独り言をいいました。
　外はまだ雪がしんしんと降り続いています。でも，マサエの心はなぜかほ
かほかと温かいのでした。

(2)「初雪のふる日」（光村図書・4年）の実践

　本教材は，ぞくっとする怖さが読後感として残るファンタジーである。そ
の理由として，非現実の中で起こっていることやファンタジーの入口・出口
の描かれ方が挙げられる。どこから非現実の世界なのか，どこで現実にもど
ったのかはっきりとしない。そして，結末はまたはじめに引き戻されるとい
う怖さが残る。

　ファンタジーは，単なる幻想の世界ではなく現実・非現実の世界を行き来
しつつも現実の世界を意味している。「非現実の世界で何と何がたたかって
いるのか？」と問うことで，非現実での「せめぎ合い」を対比的・象徴的に
とらえさせ，巧妙な構造や表現を続き話に生かして書かせた。

　バスの中で，女の子はバスの窓ガラスにたたきつけてくる雪を見つめてい
ました。なんだか，雪うさぎに追いかけられているような気がします。女の
子は，思わずギュッと目をつぶりました。
　そして，いつの間にか眠ってしまいました。女の子は夢を見ました。白く
もやもやした空間の中に女の子は立っていました。
　「おーい，おーい。」という声がします。よく見ると，それはさっきのお年
寄りではありませんか。そのお年寄りは，しわしわの手を女の子に差し出し，
緑色の見覚えのあるものを渡してくれました。
　あのにおい―。そうです。よもぎの葉です。女の子のほほに，お年寄りの
手がふれました。とても温かい手でした。そして，大きく息をすうと春のに
おいを感じました。たくさんの小鳥たちの声を聞きました。そのしゅんかん，
女の子のいる空間がぱっと明るくなり，春の野原になりました。
　女の子の手の中のよもぎはどんどん増えはじめ，手の中いっぱいになりま
した。
　お年寄りが，「このよもぎが命を救ってくれた―。」とつぶやいたとたん，

プッシューという音がしました。

　目が覚めた女の子は，バス停でバスを降り走って家に帰りました。雪が積もっていました。ある家の前には，だれが作ったのか雪うさぎが一つ置いてありました。女の子には，そのうさぎがこちらをにらんでいるように見えました。どこからか，あの歌も聞こえてきました。

　「かた足，両足，とんとんとん―。」

　女の子はこわくなり，走って家に帰りました。玄関に置いてある女の子のくつには，あの緑色のものが雪まみれになってくっついていました。

(3)「ごんぎつね」（光村図書ほか・4年）の実践

　この物語の結末，「兵十はこの後どうしたのだろう」と課題を示し，「続き話『それからの兵十』を書こう」という言語活動を設定する。どのような，続き話を書けばいいのかを交流させ，ごんの兵十への思いや兵十の後悔の思いを読み取る必要性をもたせたい。続き話には，この作品のキーワードである「ひとりぼっち」の意味づけや物語の悲劇性，児童のごんや兵十への思いを表現させたい。また，「兵十はこのお話を誰かに話したかな？　話さなかったのかな？」と問い物語の伝承性という構造をとらえさせ，続き話へとつないでいく。

　こしに手ぬぐいをさげた大勢の女の人が，よそ行きの着物を着て，かまどで火をたいていました。「ぐずぐず。」と何かがにえています。

　次の日，兵十は，ごんのお墓を作りました。そのすぐそばには，ひがん花がいっぱいにさき，ごんのお墓の周りは赤一色でした。兵十は，毎日毎日お参りをして，ひがん花に水をやりました。ひがん花は元気いっぱいです。兵十は，お参りするたびにごんとの悲しい思い出を思い出します。「ひとりぼっちでいることのつらさや悲しみを感じることができた。」兵十は，加助にこの気持ちを話しました。加助は大変おどろきましたが，兵十の気持ちをわかってくれました。

　ある日のこと，兵十がいつものようにお墓参りをすると，それまできれいだったひがん花がなぜかかれていました。それから，ひがん花はかれたままで元気を取りもどすことはありませんでした。

3 意見文を書く

　意見文は他者の説得を意識して書く文章である。説明的な文章の学習では，筆者の述べ方や説明の工夫に対する自分の意見をもたせることが重要である。

(1) 「想像力のスイッチを入れよう」（光村図書・5年）の実践

　「想像力のスイッチとは？」「どのように使うの？」「使うとどうなるの？」等の疑問をもたせて教材を読ませる。その際，筆者の取り上げた3つの柱と4つの方法の関係や考えの前提となっている図の事例の必要性をとらえさせたり，抽象的に述べられた筆者の主張を自分の生活と関連させて考えさせたりして筆者の述べ方が納得できるかを問う。その上で，「自分の生活に役立ちそうか？」を評価させ，情報を受け取る立場としてどのようにメディアと付き合えばいいのかというテーマで意見文を書かせる。自分の経験をもとにメディアに対する考えや筆者の説明方法に対する自分の考えを書かせたい。

友だちとの付き合い方〜「想像力のスイッチを入れよう」の学習より〜

　私には大切な友だちがいます。みなさんにも一緒に話したり遊んだりする友だちがいて楽しく過ごしていることでしょう。

　しかし，友だちの何気ない言葉や行動から，不安になったりうたがったりした経験はありませんか。

　また，日常生活だけでなく，今ではインターネットを通して簡単に友達になることができ，その人との間で事件が起こってしまうこともあります。

　私たちは，友だちとどのように付き合っていけばいいのでしょう。

　友だちとの問題や事件を防いだり後悔したりしないために，私たちは「想像力のスイッチ」を入れることが大切です。「想像力のスイッチ」とは，私たちが友だちと付き合う時，誤った思いこみをせず信頼関係を作るために大切なスイッチです。具体的にいうと，『事実かな。印象かな。』『ほかの見方もないかな。』『何がかくれているかな。』と考えること，つまり『結論を急がない』ことです。

　私は，以前，友だちから「AさんってB君のことがすきらしいよ。」といううわさを聞いたことがあります。そして，Aさんが悲しい思いをしていたところも見ました。

　この時大切なのが，『事実かな。印象かな。』とよく考えてみることです。「〜らしい」という表現は，印象であることが多く，事実ではないことがあります。また，たとえ本当のことであっても，『他の見方もないかな。』と，うわさを流すこと自体恥ずかしいことで，Aさんを傷付けていることに気づかなければいけません。

　また，こんな話が伝わってきたとしましょう。「C君とD君がけんかした。C君から手を出したんだって。」これには，印象はまじっていません。この話だけを聞くと，「C君が悪い」と思ってしまいがちです。でも，D君がCくんをおこらせることを言ったのかもしれません。そこで，『他の見方もないかな』と考えてみます。そうすることで，けんかの原因や事実が見えてきます。

　さらに，インターネットで知り合った人は，ネット上の情報しかわかりません。実際の年齢や性格などはほとんどわかりません。最近，インターネットで知り合いになり，その人を殺してしまうという事件がおこりました。『何がかくれているかな』と深く考え，どうしたらいいか自分で判断することが大切です。

　友だちとの関係は，とても難しいものです。でも，友だちのいない生活はかんがえられません。友だちとの信頼関係を築いていくためにも，様々な場面で必要な「想像力のスイッチ」を入れ，真実を見極めていく力を付けていかなければいけません。

4　理解と表現の一体化

　読むことと書くことをつなぐことで，理解と表現の一体化を図ることができる。続き話を書く活動のあと，第5学年では「物語づくり」に取り組んだ。児童は，読むことの学習で得た知識と表現技法を駆使しながら意欲的に書き進めていた。また，自分の考えを書くことが苦手なA児が，「自分に必要なスイッチはこれだ」と意見文を書く姿があった。

　「国語科教育は，ことばで理想世界を想像し創造する力を育てる」という言葉を聞いたことがある。そのためには，自己を取り巻く現実を批判的に考察し，創造を形にする力が必要となる。関連指導はその具体的姿である。

（大澤　八千枝）

3 書くことへのアプローチ
③ PBL で書く―チーム作文の実践より

1 PBL の特性

　PBL とは,「Project Based Learning」の略で, 課題解決型学習とも
呼ぶ。アメリカの教育学者ジョン・デューイやキルパトリックの学習理論を
源流とし, PSL（Problem-Solving-Learning「問題解決型学習」）と同意
で用いられることもある。しかし, PBL は, 課題を受けての学びであるの
に対し, PSL は, 問題を見つけての学びという点で違いも見られる。ただ,
いずれにしても, 正解のある課題について取り組み, 知識や技能を習得する
学びではなく, 正解のない課題に取り組み, 常に最適解を求める学びを通し
て, さまざまな視点・知識・方法を獲得していく学びである。

　こうした探究的な学びは, 当然, 国語科でも求められる学びである。やや
もすると, 子ども任せ, 活動あって学びなしといった批判も受けるが, 書く
という言語活動は, 思考の拡充や内面の耕し, 他者との対話, 情報の収集・
分析などを含む総合的な言語活動である。自分自身のものの見方・考え方を
吟味し, 文字言語を用いてパフォーマンスする学びは, PBL という学習形
態の中で生きる学びでもある。

　その PBL がもつ特質として, 注目しておきたいのは, あくまでも子ども
主体を中心軸に置き, 課題をチームとして協働で取り組み, そのプロセスを
重視するという点である。これまでに書くことの問題点として指摘してきた
問題が, 具体的な形で展開されることになる。ちなみに, ここで言うチーム
とは, グループとは異なり, 課題意識を共有したメンバーの集まりであり,
課題解決のプロセスは以下のようなプロセスで考えられる。

> ①アテンション（興味・関心）
> ②チーム作成
> ③試行錯誤
> ④発表準備
> ⑤各チームの発表
> ⑥振り返り

　このプロセスの中で，グループセッションや自己学習が行われ，必要に応じて③〜⑤の過程がくり返される。

　ここで重要なのが，教師の立ち位置である。教師は学びの促進者としての立ち位置を保つとともに，この学びの過程の中で，どのようなリスクが生じるかを想定しておかなければならない。同時に，何が学ばれるか，何を学ばせたいかを具体的に捉えておく必要がある。

　PBL という学習スタイルは，１つの学習法であり，すべてを網羅できる万能な学習法ではない。しかし，書くという学習への能動性を引き出す，子どもの論理を形成しながら学習が展開できるという点を最大限に生かし，そこに，書くこととしての学びを確かに位置付けたい。

2 チーム作文への挑戦

⑴チーム作文の構想

　チーム作文とは，１チーム４人〜５人で，あるテーマについて１人１文ずつ作り，それをつないでひとまとまりの文章を作る。さて，うまく文章が作れるか，といったゲーム性を備えた作文活動である。類似した活動としてリレー作文があるが，チーム作文には，何文目の担当かを決め，文の役割を考えながら書いたり，順番に回して，前の文を読んで次の文を書いたりといった細かなルールはない。あくまでも，同時に１文を書き，できあがった１文をつないで文章を作るところからスタートする。その意図は，まったくの偶然性の中で文章を作るため，さまざまな問題が発生するだろう。例えば，同

じ文ばかりで文章にならない，文のつなぎ方がわからない，おもしろい文章にならないなどである。そうやって問題が生まれる毎にチームで作戦（解決策）を考え，文章を作成し，文章を作るための知識や技能，感覚を掴んでいくことはできないかと考えたからである。その作戦として，子どもたちの中から先のようなルールが生まれてくることを意図している。

　チーム作文でもっとも働くのは，構成力である。文のつながり，文章としてのまとまり，そういう1つの筋を作る力が芽生えながら，それを楽しむことができれば，さらによりよい文章へと向かってもいくだろう。「それぞれが書いた1文をつなげてひとまとまりの文章を作る」という課題に対して，どのように子どもたちが動き，何を学んだか，その実際を見てみよう。

(2)チーム作文の実際

　授業は4年生のクラスをお借りしての1時間の飛び込み授業である。本時のねらいは，以下の通りである。

> **チーム作文への挑戦を通して，文のつなぎ方や文章のまとまりに関心をもち，文章づくりのポイントを見つけることができる。**

　導入では，まず，「えんぴつ」という題材で，代表児4人に1文を書いてもらう。その1文を黒板に貼り，ひとまとまりの文章にできるかを全員で考える。残念ながら，子どもたちの判断は「できない」である。ここでは，深入りはせず，子どもたちの判断を受け止めて，子どもたちに尋ねる。

　「今のグループならできそう？」

　グループを編成している暇がないのが現実問題だが，チームとしての意識をもってもらえるようにしかける。「できる」という子もいれば，首をかしげる子もいるが，「できそうだね」とチーム作文へと誘う。そして，題材を何にするか相談する。子どもたちが選んだのは，学校行事の運動会と，学校の横を流れる川である。まずは，運動会からの挑戦である。

　子どもたちはルールに従い，まず1文を書き，「せ〜の」でそれぞれが書いた1文を見合う。「え〜」「わ〜」と歓声が上がり，早速，文をつなげよう

とする動きが見られる。1文の順序を入れ替えたり，接続語を使って文をつないだり，試行錯誤しながら文章づくりに取り組み，次のような文章が出来上がる。

とってもあつい運動会。ときょう走でさいかいになってしまったので、楽しみはお弁当だけになる。
そう思っていたけど、玉入れをしているうちに、ふたたび運動会が楽しくなってきた。

・楽しみはお弁当だけ。
・ときょう走でさいかい。
・運動会の玉入れ、楽しい。
・とってもあつい！

しかし，うまくつなげることができたチームもあれば，つなげられなかったチームもある。例えば，次のような1文が登場したチームである。

・運動会のはじめに行進をする。

・かけっこでこける。

・ときょう走でこける。

・リレーでこける。

とりあえず，かけっこを1年生，ときょう走を4年生の競技にして，順序立てて文をつないだが，「転ぶばかりで面白くない」「まとまりがない」など，できなかったチームからは問題が投げかけられる。それを受けて，全員で解決策を考える。

「チーム作文がうまくいくいい作戦はありませんか？」

それぞれのチームで，同じように困ったことや，もっとこうしたらいい文章になるのではと，自分たちを重ねながら話し合っている。以下は，その報告である。

C　もっと1文の順番を入れ替えたり，つなぎ言葉を入れてみたりする。

C　まとまらなかったり，つながらなかったりしたら1文足してみる。

C　１文目は誰，２文目は誰って，書く人を決めて，その何文目かに合うことを書いていくといい。

C　もっと１文１文をおもしろくして，他の人が書かないことを書く。

C　書いた１文を次の人に回してバトンをつなぐようにする。

　子どもたちからは想像以上にさまざまなアイデアが出る。そこで，どの作戦を取り入れて書くかはチームで決めるよう促し，２回目のチーム作文に挑戦する。題材は，学校の横を流れる馴染みのある川である。

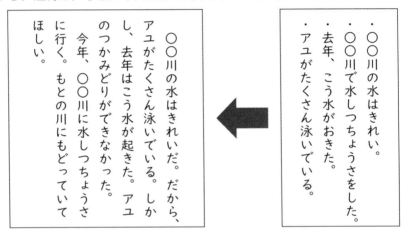

○○川の水はきれいだ。だから、アユがたくさん泳いでいる。しかし、去年はこう水が起きた。アユのつかみどりができなかった。今年、○○川に水しつちょうさに行く。もとの川にもどっていてほしい。

・○○川の水はきれい。
・○○川で水しつちょうさをした。
・去年、こう水がおきた。
・アユがたくさん泳いでいる。

　書き上げたところで時間が来てしまったが，１回目よりも２回目の方がよりよい文章にという意識が見え，できた文章もただつなげたという感じではなく，まとまりという点で優れていたように思う。

３　これからの課題

　今回の授業では，課題解決型というスタイルの中で，どれだけ書くことへの能動性が発揮され，子どもたちの考えがどのような方向に動いていくのかを実践研究の目的としている。授業後に書いた子どもたちのふり返りの記述をいくつか拾ってみる。

　○テーマの構成をしっかり考えることができたと思います。作文を書くのが楽しくなりました。

○１文と１文を，ほんの何文字かのつなぎ言葉でつなぐことで，おもしろい文しょうになるって思いました。作文がもっと好きになりました。

○作文はいつも１人だけど，チームでやったから今日だけ楽しかった。

○チームで作文するときは，リレーみたいに回すのがいいなと思った。作文はきらいだったけど，少しだけ好きになった気がする。

子どもたちのふり返りからはチーム作文を好意的に受け止めてくれていることがわかる。ゲーム性があり，チームで取り組み，文章の完成を求めないなど，さまざまな要素が複合しての結果であると考えている。その中で，子どもたちの意識や思考が書くことの指導事項に向かい，文章の質を高めていく動きを見せていたことが特質すべき成果である。今後もこの方向での実践開発を続けていきたいと強く思う。

ただし，大きな課題は，学習展開としての可能性は見えつつも，子どもたち自身がどこまで学びを自覚できているかである。これについては，今回の実践の中では見切れていない。授業後の子どもたちのふり返りでもチーム作文の楽しさにかかわる言及は多かったものの，１回目から２回目の作文への質的な高まりや文章の構成的な見方に関する記述はわずかであったことも事実である。フィードバック情報を子どもたちに返し，リフレクションの学びを充実させていくことが重要であろう。書いて終わる学びではなく，日常や他教科へ派生する書くことの学びへの改善である。

（香月　正登）

〈引用・参考文献〉

L. トープ，S. セージ（2017）『PBL 学びの可能性を開く授業づくり―日常生活の問題から確かな学力を育成する―』（伊藤通子・定村誠ら訳）北大路書房

鈴木敏恵（2012）『プロジェクト学習の基本と手法―課題解決力と論理的思考力が身につく―』教育出版

森川正樹（2008）『小１～小６年 "書く活動" が10倍になる作文レシピ100例 驚異の結果を招くヒント集』明治図書

橋本慎也（2019）『子どもがどんどん書きたくなる！作文テクニック＆アイデア集』明治図書

4 詩を創作するということ

1 詩の創作：言葉のティンカリング

　授業の中で詩を創作する時，そこにどのような学びが生まれているのだろうか。本章では，国語の授業において詩を創作することが子どもたちの言葉の学びにとって担う役割について考えてみたい。

　何をもって「詩」とするかという定義はさまざま存在するが，世界に共通して確かなことは，言葉がもつ音声的特徴や視覚的特徴を使用して無限に表現方法を生み出しうる言葉表現であるということである。文字が作られるよりはるか昔，人々は大切な物語を音声のみで語り継ぐ必要があった。語り手は物語を記憶し，聴衆の記憶にも留まるように，語りにくり返しを入れたりリズムや調子をつけたりして表現を際立たせていた。それが詩の始まりであり文学の発生だと言われる。言葉の音に耳をすませていた時代から，文字を獲得した人々は文字という言葉の形にも目を向け，さらに表現方法を追求した。ここでは，そのように言葉の音と形を使って試行錯誤をくり返すということが，「詩を創作する」ことだと定義する。

　科学やアート，工学の世界に「ティンカリング（tinkering）」という言葉がある。字義的には「いじくりまわすこと」であるが，ティンカリングスタジオ共同ディレクターであるカレン・ウィルキンソンとマイク・ペトリッチ（2015，p.13）は次のように説明する。

　　それは，現象，道具，素材をいろいろと直接いじくりまわして遊ぶことです。手で考えることであり，作業から学ぶことです。少し立ち止まって，

身のまわりの日常の品々のメカニズムや秘密に興味を持つことです。気まぐれで，楽しくて，行き詰まってばかりで，イライラして，要するに探求するということです。

　小学校の図画工作にある「造形遊び」も，成果物を求めることなく，素材や方法を色々な角度から眺め，別のことに使うことを試し，失敗して疑問をもちながら方法を見直して何度も作り直すという作業の中で素材や方法について学ぶ時間として位置づけられる。そしてそれが，何か目的をもって表現したり心の中を表現するときの選択肢として機能するという，子どもたちの表現力の土台となる。まさにそこで行われているのはティンカリングである。

　言葉表現でも同様に，表現する素材としての言葉をあらゆる角度から眺め，いつもとは別のことに使ってみる中で言葉そのものについての理解を子どもたちなりに深めていく時間は子どもたちの書く力の土台になるはずである。その試し方の選択肢をできるだけ多く提供することを，詩創作が担う役割として捉えたい。つまり，将来あらゆる場面で子どもが自分の表現したいことを効果的に伝えるために，表現方法を選んだり組み合わせたり似たような技法を使って試してみたりするための思考の刺激となる選択肢をもつことを，詩創作は目指すのである。

2 よく知っている言葉を知らないことに使う

　小学校に上がった子どもたちは，コミュニケーションツールとしての言葉の実用性について日々学びを深めている。周りの人々とかかわり合い，伝えたいことを正確にわかりやすく伝え合うため，言葉表現の社会的ルールや能力を体系的に身につけていく。それゆえに，立ち止まって言葉そのものに目を向けて「言葉って面白いな，こうしたらどうなるだろう？」という冒険感覚と，実際に探索したり試してみたりという機会が幼少期に比べて激減するのもこの時期だといえる。

　このような言葉の探索や試行錯誤の末につくられる詩について，イギリス

の言語学者のM.Kハリデーは「トランプの城」とたとえた（1973, pp.15-16）。そのたとえに従って，もう少し考えてみたい。

・「言葉」：トランプのカード
・「言葉の意味」：スペードのエースやハートの2などのトランプの柄
・意味を取り払った時に浮かび上がる「言葉の特徴」：カードの薄さ，長方形，紙でできている，全て同じ大きさ，頑丈などの特徴

　意味を取り払ったときの「カード」としてのトランプの特徴に目を向けて，3枚の長方形を立体的に組み合わせて正三角形を作り，縦横に正三角形を並べていくと，大きな三角形が形成されることによって見立てられた城が完成する。城の作り方をすでに知っている人は，3つめの「カードとしての特徴」には意識が向かないかもしれない。しかし，その作り方を初めて考案する人は，どのように並べれば上に積み重ねることができるのか，安定するのか，どのような角度がちょうど良いか，ということを手探りで決定するために，カードの特徴をよく吟味し，さまざまな方法を試し，失敗をくり返しながら組み立てる方法を考え，悩みながら試行錯誤を経て満足のいく大きな三角形を組み立てていく。これは，「ばば抜き」などのトランプゲームをするためのトランプの使い方とは全く違う使い方である。
　詩創作においても，意味を取り払うことによって浮かび上がる言葉の特徴を利用して，言葉に悩み言葉について考え，試行錯誤をくり返す。それは言葉のはたらきについて立ち止まって改めて考える行為とも言い換えられる。普段の生活の中では伝えられる意味内容が重視され，言葉そのものの特徴についてじっくり吟味をくり返すことはほとんどといっていいほどない。しかし，その意味内容の大切さを強調したり調整したりするために，その言葉の使われ方を見直すことのできる力を身につけることが大切になる。それを国語教育において扱うのが，詩創作指導だといえる。子どもたちは「トランプの城」の考案者にはなれないかもしれないが，考案者がたどった試行錯誤を追体験し，その考案プロセスに立ち会うことは可能である。そこに学びの可

能性が生まれてくる。

　言葉を知らないことに使う機会と種類は，子どもたちの試行錯誤の選択肢を増やすという意味で，多ければ多いほど意味をもつ。１日10分でも，１週間に１回でも良い。ティンカリングや造形遊びと同じで，その時間に詩を完成させる必要はない。「知らない方法」を使って言葉を選び，並び替え，置き直してみるという体験をし，途中までで良いから下書きが残されるということが大事であり，それだけで十分なのである。方法によっては，アイディアがどんどん浮かんで手が止まらない子と，そうでない子がいるだろう。ある方法ではあまり手が動かなかったが，別の方法を試すときにはすらすら考えが出てくることもあるだろう。どちらにせよ，これら１つ１つの表現方法が心の中に「熾火(おきび)」となって残ることが大切である。「熾火」とは，BBQで使う，真っ赤になった炭を想像してもらえると良い。

　「熾火」となる体験と下書きを心の中に蓄積する中で，学期末などに時折それらの下書きから１つ選んで修正して完成させ，発表し合うという機会を設ける。そうすることで，心の中に残された「熾火」は命を吹き込まれたように燃え上がり，１つの成果として実を結ぶ。そのとき，子ども自身が「これなら続きに取り組めるかな？」と自分自身で選択して，完成させようとすることが何よりも重要である。

３ 詩創作アイディアを集める

(1)アイディアの発掘

　多くの選択肢をもつためには，詩創作方法を大量に提供する必要がある。そのためには小学校６年間に数回載せられていれば多い方だともいえる教科書の詩創作単元では足りないことは明らかである。それでは，どこからそのアイディアを集めることができるだろうか。

　まずは，教科書の至るところに載せられている詩をはじめとした，詩人の詩を使うことである。例えば比喩だったり，くり返しだったり，オノマトペだったり，さまざま見つけることができる。その詩に使われているそれらの

技法を模倣するための簡単なルールを提示し，子どもたちが実際にそれを試すだけで，十分子どもたちの心の中に「燠火」を授けることが可能である。教科書教材だけでなく，詩集を使って同様にルールを発掘すれば，より多くのアイディアに出会うことができる。ルールを見いだすヒントは，子どもたちが「知っている言葉を知らないことに使う」ことができるかどうかである。ここでは，冒頭で示したように言葉の「音」（＝音声的特徴）と言葉の「形」（＝視覚的特徴）に目を向けることでうまれる創作アイディアを紹介する。

⑵言葉の「音」を使う

　例えば，谷川俊太郎の「うしのうしろに」という詩がある。この詩は，「うるさい／うさぎは／うそをつく」のように，すべて「う」で始まる行で構成される頭韻法を使った6行3連，全18行の詩である。加えて，その3行ずつが4拍子で読むことができるようなリズムになっている。これを使って子どもたちに提示する「ルール」は次のように考えることができる。

①好きな仮名を1つ選ぶ
②その仮名からはじまる言葉をたくさん集める
③リズムに合わせた文になるように並び替える

おりから
おうむが
おはようさん
おしろで
おうさま
おこってる
おにさん
おーい
およいでる
おうちで
おどるよ
おっとせい
おっとと
おしりが
おどろいた
おいしい
おもちを
おすそわけ
（創作例，筆者作）

　たったこれだけで同じように詩を書いてみることが可能である。右に示したものはこのルールに従って書いたものである。頭韻を揃えることと4拍子で読めることという条件の中で全く無意味な言葉が並べられていることが読み取れることだろう。

　このアイディアは谷川俊太郎のものであり，子どもたちはただ彼が作った

44

ルールに沿って言葉を並び替えているだけなので，書かれた詩自体にオリジナリティは生まれない。しかし，子どもたちは提示されたルールの条件に合わせるために自分の中の語彙を総動員して言葉を探し出し，その中から選び出さなければならない。もしかすると辞書を引きたくなる子どもも出てくるかもしれない。全く無意味な言葉をただ語頭の文字とリズムに従って並べる作業の中で，子どもたちは音の語感を知り，自分の語彙の広がりを知り，想像の世界を形作る言葉の力を知る。この詩を作った後は，もしかすると「お」で始まる言葉にしばらくは敏感になっているかもしれない。良い言葉をふと見つけたら，この詩を書き直したくなることもあるだろう。それが心に「燠火」が置かれた状態を意味し，それはその子どもの学びのオリジナリティである。私たちは詩のオリジナリティではなく子どもの学びのオリジナリティを追求していくことが最も大事である。

(3)言葉の「形」を使う

　関根栄一「かいだん」や島田陽子「おおきな木」のように，言葉の音だけでなく形を使ってその意味を表した詩を図形詩と呼ぶ。この図形詩も，よく知っている言葉を知らないことに使うための，言葉の試行錯誤を促す良いアイディアの1つである。図形詩を使ったルールは次のように提示することができるだろう。

①何について書くのかを決める
　（太陽，星，雲，動物，魚，鳥，花，果物，木など）

②選んだ言葉から思い浮かぶ言葉，思い浮かんだ言葉から連想する言葉を思いつく限り書く

③紙の上にどのような形で書くのか，形を決めて文字数や配置を考える

（創作例，筆者作）

45

例えばこのアイディアからは，「太陽」というタイトルで前頁のような図形詩を作ることができるだろう。言葉を選ぶ中で太陽についてさまざまな角度から考えをめぐらせ，字数を数えてそろえるために擬態語について考え，比喩やひらがなとカタカナの語感について考え，そうすることによって言葉の意味についても考えている。それらの考えの末に言葉を選ぶ自分自身についても考えを新たにしていく子どもの姿が期待できる。

　「音」のときと同じように，まずできるだけたくさんの言葉を集めることで「言葉の銀行」を作ることから始める。時間を決めてブレインストーミングのように速記で集める方法もあれば，イメージマップを作った連想方法もあるだろう。子どもたちの様子や実態に合わせて言葉を集めたい。その中から自分で決めた「形」に合わせて言葉を選んだり変えたり選び直したりする作業にうつる。このように，「拡散的思考」と「収束的思考」が何度もくり返されることで子どもたちの言葉の理解が深まると捉えることができる。また，その言葉を集めたり選んだり決めたりを何度もくり返す作業における「選択」は，すべて自分の手で行っていることに注目したい。

　実はこの作業は決して簡単で楽しいことばかりではない。ここに，筆者の詩創作ワークショップを授業で受けた後に，期末課題として詩を1つ選んで完成させた，小学校教員志望の学生の振り返りを紹介したい。

読んだ人が自然に滑らかに読めるようなポエムにしたいと思ったがなかなか言葉が出てこず苦労した。（中略）だが考え始めると前に述べたように苦労したが楽しさも感じられた。自分の中でいい言葉が思い浮かんだ時とてもスッキリするのだ。自分の中の言葉の引き出しを全て開けて言葉を選んだような感覚になり，完成した時はとても達成感を感じることができた。こういった詩を作成するという体験ができたこと，困難もあったが楽しいことを見つけ出せたこと，自分の持ってる（ママ）言葉を使い言葉選びができたという経験が大きな成果だったように思う。

　彼女は，言葉集め，選択，並び替えに何度も試行錯誤をくり返したことの

苦労を吐露する。しかしその中で，自分自身の言葉を「引き出しを全て開けて」くまなく探して，表現したい対象についてあらゆる角度から眺め，言葉の音の滑らかさを吟味し，表現の楽しさを見いだしたと述べる。彼女の中で，表現対象，表現方法，言葉，そして自分自身についての拡散的・収束的な思考が何度もくり返されたことの現れである。

　詩創作アイディア例としてはほんの少ししか紹介できなかったが，ルールを見いだす種の宝庫である詩集や，創作アイディアを紹介した拙稿を末尾に示した。ここで紹介したように，教師自身がそのルールを使って作った簡単な詩を見せることも子どもたちの創作への刺激として効果をもつ。

④　自立した言葉の使い手へ

　このように詩創作は子どもたちが日常コミュニケーションの手段として学びを深めていく，わかりやすく正確な言葉表現のルールをある角度から壊し，再構築させることでまた自分の中に改めて取り込んでいくという営みであると考えることができる。そうであるならば，言葉の面白さを感じることのできる時間をたくさん経験し続ける詩創作の時間を設けることで，人とのかかわり合いのための言葉を使うこと・よく知っている言葉を知らないことに使うこととを往還して，自分自身の言葉表現に広がりと深まりをもたせ，らせん状に磨き上げていくことにつなげることができる。それが，詩の「無限性」であり，だからこそ詩創作において子どもたちは何度もくり返し選び直すことが奨励される。この価値を理解し，「一時的であること」に耐えることに詩創作の大きな教育的意義がある。

　小学校で学びを深めていくにつれて，子どもたちは社会的な秩序を知り，「正解」の概念を知り，ともすれば学びのゴールはその正解を知ることだと思い込みがちである。それは「教師の論理」で教育を展開することの最も大きな弊害だったかもしれない。しかし，世界は常に何者かによってその価値や意味がすでに決定されてしまっているものではない。子どもたちは，自立した言葉の使い手として世界を価値づけたり意味づけたりすることができる

ということを知らなければならない。

　自立した言葉の使い手とは，さまざまな出来事や物事に出会ったときに，それらに対して自分自身で言葉を選び言葉を並べることで意味づけや価値づけをすることができる人を意味する。それはただ単に，それらの事象に対してどのような言葉を当てはめるかということだけにとどまらない。どのような言葉を用い，そしてどのような表現の仕方によって意味づけていくかということにも意識を向けている。すぐにぴたりと当てはまる言葉を探し出すことはできないかもしれない。言葉にしても，自分の中ではまだどこか違和感を残すものになるかもしれない。すぐに答えは出ないかもしれないし，もしかすると答えそのものが存在していないのかもしれない。かつては自分の中でおさまりが良かった表現も，今この時にもう一度出会ってみると，何か違うような気がすると思うかもしれない。どうにかして，今自分の言葉で意味づけるために，言葉を探り，言葉の配列を模索する。そのような終わりもない正解もない営みを通して，知らなかった自分や自分の価値観を発見する。そのくり返しに心地よさを感じ，どこまでも探求しようとするのである。

　そうすることによって，子どもたちそれぞれの「自分自身」は何度も何度も更新されていくだろう。自分自身で選んだ言葉を対象化しつつ，他の人が選んだ言葉の意味づけ方や価値づけ方を理解しようとする。つまり，「書くこと」によって培われた子どもたちの眼は，「読むこと」の力にもつながっていく。自立した言葉の使い手として育つ中で他人の言葉に出会ったとき，読者である子どもたちは，言葉の新たな一面を知り，またそこで表現されているものについての見方を新たに獲得し，また自分の意味づけ方・価値づけ方と比較するだろう。そのような出会い方が可能になれば，「言葉」に出会うことの喜びや，そこから見えてくる新しい自分と向き合えることの喜びを抱くことにつながり，さらなる出会いを求めることをも導くかもしれない。

　自分自身の言葉で世界を意味づけ，また意味づけ直しながら自分自身の価値観も更新し続ける人として育つことは，生きていく上で自分や自分の身のまわりに引き起こるあらゆる変化を恐れない人として育つことである。それ

は，新しいことに挑戦する意欲をもち，それを切り拓いていく心をもつ人であると言い換えることができる。1つの価値や意味に囚われたり，既存の世界をたった1つの不変のものとして捉えることなく，常に思考を停止させることもない。それは，何かに対峙したときに自分の中に生じる矛盾や引っかかり，違和感という「問い」を信じ，その可能性を開いていくための試行錯誤をくり返すことのできる忍耐を必要とする姿勢である。

　学校や日常の中でどんなにさまざまなことを学び，多くの知識を身につけたとしても，それぞれの子どもにとってそれらは決してこの世でたった1つの絶対的な存在であり続けるわけではない。それらに対する切り口を少し変えてみるだけで，どこまでも彼らにとっての世界は変化し続け，変化させることによって子どもたち自身も変化し続ける。人はそのように，生涯変化し続けることのできる存在として，成長し続けるのである。詩創作はそれに貢献する，子どもたちにとって重要な役割を担う指導の1つとして可能性をもっているのではないかと思う。言葉の操作を小さなきっかけとしながら，その配列によって世界をどこまでも大胆に変化させていく体験を重視し，それを教室において共感的に共有することを通して実現させていきたい。

（中井　悠加）

〈引用・参考文献〉

Halliday, M. A .K. (1973), *Explorations in the Function of Language*, EDWARD ARNOLD

はせみつこ編 (1995)『しゃべる詩あそぶ詩きこえる詩』冨山房

はせみつこ編 (1997)『みえる詩あそぶ詩きこえる詩』冨山房

はせみつこ編 (2015)『おどる詩あそぶ詩きこえる詩』冨山房

中井悠加 (2016a)「ワークショップ型詩創作指導による学びの形成：Arvon Foundation の取り組みの検討から」『学校教育実践学研究』No.22，pp.65-77

中井悠加 (2016b)「イギリスの創作指導」武藤清吾編『中学校・高等学校　文学創作の学習指導　実践史をふまえて』溪水社

Wilkinson, K. and Petrich, M. 著／金井哲夫訳 (2015)『ティンカリングをはじめよう：アート，サイエンス，テクノロジーの交差点で作って遊ぶ』オライリー・ジャパン

第2章

「子どもの論理」で創る
作文コンテンツの授業

1 句読点の学習指導

くとう点でつたえよう！（第2学年）

教材 「丸，点，かぎ」（光村図書・2年）

1 育てたい見方・考え方

○句読点それぞれの役割を説明することができる。
○文や文章の意味を考えながら句読点を打つことができる。
○文や文章の中で句読点を使おうとする。

2 子どもから見た「句読点」

　句読点とは，子どもたちの言葉で言えば点や丸である。視写や音読の指導で，言葉の区切りのような形で教えられているのが一般的だろうか。学習指導要領（平成29年告示）解説国語編には，次のように解説されている。

　　句点については，文を書く際には，文末に必ず句点を打つように指導し，文意識を育てていくようにすることが大切である。読点については，文頭の接続語などの後，主語の後，従属節の後，並列する語の後など必要な個所に打つことを理解することが重要である。

　しかし，句読点は，子どもたちにとって，それほど意識にも上らない記号だろう。付いているのが当たり前で，その助けを借りながら自然に本を読んでいる。書くときには多少意識をするだろうが，それもなんとなく感覚で付しているようにも見える。だが，句読点が目の前から消えてしまったらどうだろう。途端に困るのは読み手であり，書き手である。意味が取れなくなるし，意味が伝えられなくなる。今まで意識に上らなかった句読点が一気に必要なアイテムに変わる。

句点は，文の区切りとして文末に打つことは理解しやすい。「～です」「～である」が文の終わりを示すからである。ただし，子どもたちは句点を打たずに文を続けてしまう傾向があるので，その点は注意したい。読点は，どこで打つかに明確なルールが存在せず，「必要な個所に」が原則だが，どこが必要な個所なのか迷ってしまうのが子どもたちの気持ちだろう。

　ここでの学習では，句読点を打つテクニックよりも，基本となる「意味が伝わること」を重点に，句読点を打つことのよさや必要が感じられるように学習を進めたい。

3　授業化のポイント

ポイント❶　句読点への問いをもつ

　句読点をどこに打つかは誰もが迷うところである。文や文章から句読点を省き，それぞれが句読点を打ってみるとさまざまなズレが生じるだろう。なぜ，そこに句読点を打ったのか，その理由や感覚の違いから，「わかりやすい句読点の打ち方」に対する問いを引き出し，興味・関心を高める。意味なく句読点が打たれている文や文章の提示なども取り入れたい。

ポイント❷　意味の変わることを楽しむ

　教科書掲載の課題文は，「この店ではきものを買う」である。読点の打ち方によって，「この店で，履物を買う」と「この店では，着物を買う」の2つの意味が取れる。読点を正しく打たなければ困ることを示すための例だが，読点の打ち方によって意味が変わることも楽しみたい。こういう例を子どもたちが作れたらより面白さが広がるだろうし，読点に対する見方も鋭くなる。

ポイント❸　句読点で意味を伝える

　読点の打ち方によって意味が変わってしまうことが実感できたら，子どもたちの意識は正しく読点を打つほうに向かっていく。ここで，句読点がなければ読めないような例文を示す。以下の文章である。

　「ははのひにはははははははははははのははははははははははははのははのははははははははははととわらった」

4 単元計画（全2時間）

次	時	学習活動	教師の役割
一	1	○「たんぽぽのちえ」の3段落に句読点を打ち，話し合う。 ○「たんぽぽのちえ」の9段落に句読点を打ち，話し合う。	○句読点を除いた文章を用意する。 ○打ち方の違いを取り上げる。
二	2	○読点の打ち方で意味が変わる文に読点を打ち，違いを説明する。 ○句読点を打って，意味が伝わる文章を作る。 ○これまでに書いた作文の句読点の打ち方を見直す。	○課題文を用意し，子どもの気づきで進める。 ○ヒントを出し，文意を少しずつ明らかにする。 ○本授業前に作文した文章を修正させる。

5 単元導入時の状態

　実践時期は，7月上旬である。それまでに，説明文や物語文を読み，観察記録文を書いたり，「はじめ・中・おわり」を考えて書いたりして，文章の読み書きの経験を重ねている。句読点などは，常にふれている表記であり，文の終わりや，文節の切れ目で句読点を打つことは感覚として捉えている。

　ここで句読点を取り上げるのは，これまでの作文の中で，どのように句読点を打ってきたかを見つめさせ，自覚的な運用を促すためである。これまでに学習した材を使い，句読点に特化した授業を展開する。

6 「子どもの論理」で創る授業の実際（本時・第二次1／1）

❶授業のねらい

　句読点の打ち方を見つける活動を通して，句読点によって意味が正確に伝わることを自覚し，これまでの作文を見直すことができる。

❷授業の展開

〈学習活動①〉句読点を打つ難しさを発表する

> 句読点を打つのは簡単ですか？　難しいですか？

　前時に，既習の「たんぽぽのちえ」の3段落と9段落（句読点を省いたもの）を使い，自分で句読点を打つことに挑戦したが，その学習を想起しつつ上の発問をする。子どもたちの反応は，簡単と思っていたけど，難しかったというのが多数である。打ち過ぎてもダメ，少なすぎてもダメで，わかりやすい文章になるように句読点は打たなければいけないという意識が感じられる。もう1つ印象的だったのは，「打つのが面倒」という子に対して，「でも，ないと困る」という発言である。

> ポイント　前時のワークを示し，ゆさぶりのような形で問うことで，子どもたちの内面を引き出すことができる。句読点を打つときに迷いが生まれることを共有することで句読点の打ち方の学習に前向きになれる。

〈学習活動②〉読点によって生じる意味の違いを説明する

> どこに読点を打つか，見えますか？

　教科書にある課題文「この店ではきものを買う。」を提示する。どこに読点を打つかを問うと，勢いよく手が挙がる。ペアで確認・相談するよう促し，どこに打つかを再度尋ねると，
「この店で，履物を買う。」
と，「で」の後で読点を打つという。「なるほど！」と納得していると，「もう1つあるよ。」と声がかかる。どういうことかを全員で考え発表を促す。
「この店では，着物を買う。」
「あ〜」「そうそう」などの声が聞かれ，「文の意味が違う？」と問い返すと，子どもたちは「違う，違う」と口々に言う。
　・履物と着物では買うものが違う。

・「この店では，」って，この店では，これって決めてる感じがする。

・「この店で，」は，ただこのお店でって言ってる。

　こうして，子どもたちから意味の違い，受け止め方の違いを引き出し，次の2つの課題文を提示する。

　○ぼくはみかちゃんと王様に手紙を書いた。

　○わたしは一生けんめい走る犬をおいかけた。

　子どもたちは食い入るように見つめる。前者は，手紙を書いたのはぼく一人か，ぼくとみかちゃんの二人か，手紙の相手はみかちゃんと王様か，王様だけか。後者は，一生懸命なのは，私なのか，犬なのか。意味の違いを楽しみつつも，こうした違いに気づいていくと，読点の打ち方に気をつけようという気持ちになる。

　ポイント　子どもが読点を打つ場所を見つけ，意味の違いを発見し，受け止め方の違いを共有できるように，子どもの気づきを引き出す。

〈学習活動③〉文意が伝わる句読点の打ち方を見つける

> 意味が伝わるように，句読点を打つ場所を見つけましょう。

　さらに，難問「ははのひにはははははははははのはははははははははははのははのははははははははとわらった」を提示する。子どもたちはざわつき，「意味がわからない」という。そこで手がかりになる言葉を拾っていくと，「ははのひに」「とわらった」などが挙げられる。そこには一先ず，読点を打ち，だれが笑ったのかを探っていくと「はは」と「ははのはは」「ははのははのはは」の3人が見えてくる。徐々に区切りが見えてきたところで，グループで意味が伝わる句読点の場所を探す。出来上がったときには，「よし！」「できた！」と競って見せに来る。全体で話し合い以下の文章ができあがる。

　ははのひに，ははは，ははは。ははのははは，ははははは。

　ははのははのははは，ははははははと，わらった。

　ポイント　問題の難易度を上げ，見通しがもてたところでグループ活動に切り替

える。自分たちで句読点を駆使して完成させるところに意味がある。

〈学習活動④〉これまでに書いた作文を見直す

> 句読点の打ち方を見直したい作文はありますか？

　学習全体のまとめとして，これまでに書いた作文の直しを行う。A児はスイミーの学習で書いた感想文を見直し，次のような訂正を行っている。

（修正前）
わたしも、スイミーみたいになれたらいいなと思っていました。ゆうきを出すことは、したことがありません。スイミーみたいにみんなをひっぱって、みたいです。
（一部抜粋）

（修正後）
わたしも、スイミーみたいになれたらいいな、と思っていました。ゆうきを出すことはしたことがありません。スイミーみたいに、みんなをひっぱってみたいです。

❸板書例

くとう点でつたえよう
（めあて）くとう点は大じ？

この店ではきものを買う。
この店では、きものを買う。
この店で、はきものを買う。

ぼくはみかちゃんと王様に手紙を書いた。
ぼくは、みかちゃんと王様に手紙を書いた。
ぼくは、みかちゃんと、王様に手紙を書いた。

わたしは一生けんめい走る犬をおいかけた。
わたしは、一生けんめい走る犬をおいかけた。
わたしは一生けんめい、走る犬をおいかけた。

ははのひに、ははは、ははは。
ははのひに、ははは、ははは。
ははのはははははの、ははは、ははは。
はははははは、ははははと、わらった。

（まとめ）
くとう点はいみをつたえる。

（香月　正登）

2 会話文の学習指導

かぎ（「　」）を使ってお話を作ろう（第2学年）

プレ教材　「お手紙」（リライト教材：学校図書・2年）
メイン教材　「つづき話を作ろう」（学校図書・2年）

1　育てたい見方・考え方

○かぎ（「　」）の働きや使い方のきまりをとらえ，文章中で適切に使うことができる。

○経験したことや想像したことなどから書くことを決め，会話文を使った物語を書くことができる。

2　子どもから見た「会話文」

　子どもたちは，「　」が人物の会話文を意味していることをとらえ，物語を読んでいる。しかし，日記や生活文，物語の創作などでは，「　」を用いずに書くことが多い。そのため，地の文と会話文が区別されないままの文章になってしまう。読み手として，「　」の役割はとらえているものの，書き手として，「　」のよさを実感し，表現のしかたが定着するまでには至っていない。

　そこで，本単元では，会話文で「　」を使うことのよさを実感し，表現のしかたとして定着することを主たるねらいとする。まず，「　」の使われていない文章を読み，読みにくさ，わかりにくさをたっぷり実感させた上で，「　」の必要性をとらえるようにする。次に，「　」の働きや書くときのきまりについて指導する。その上で，例文に「　」を付けてリライトすることができるようにすることで，有用性について実感できるようにする。さらには，「　」の使い方を用いて，物語の創作に取り組むようにすることで，会話文の表現の仕方として，「　」を使いこなせるようにする。

また，「　」は会話文だけでなく引用や書名などを表すときにも使われることにも触れておきたい。

3　授業化のポイント

ポイント❶　「　」のない文章提示で必要性をとらえさせる

　必要性を子どもたちが実感したときが，指導のチャンスになる。そのためのしかけとして，「　」のない文章を提示する。読み手の立場から「　」の必要性をたっぷり実感させた上で，読みにくさやわかりにくさを解消するために，「　」を実際につけてみる。しかし，「　」のつけ方にずれが生じる。そこで，「　」の働きやきまりについて指導をしていく。知識・技能が定着するために，きまりに従って適切にかぎを使うことができるようにする。

　ここでのきまりは以下のようなものである。

・会話文を書くときは，行をかえて，「　」をつけて書く。

・「　」はそれぞれ１ますに書き，会話文の終わりの句点（。）と「　」は同じますに書く。

・会話文が２行以上になるとき，２行目以降は１字下げて書く。

ポイント❷　プレ教材からメイン教材へ―単元構成の工夫―

　本単元は，主に「読むこと」指導で行われている２教材セットの単元構成である。プレ教材では，作文コンテンツの指導として，会話文における「　」の使い方の学習を主たる目的としている。プレ教材での学びが共通の土台となって，メイン教材では物語文の創作に取り組む。２つの教材を取り入れ，２段階の書くこと指導を取り入れている。

　プレ教材からメイン教材へと単元を構成することで，ここでは会話文における「　」の有用性について実感したことを，物語の創作に取り組むことによって，表現の仕方として定着できるようにしている。

4 単元計画（全10時間）

次	時	学習活動	教師の役割
一 プレ	1	○「 」のない文章を読み，必要性をとらえ，「 」の働きや書くときのきまりを知る。（本時）	○物語に使われている「 」の働きやきまりについて指導し，表現のしかたが定着するようにする。
	2	○書くときのきまりを観点に，例文に「 」を付けて書きかえる。	
二 メイン	3	○「つづき話」を書くことをとらえ，例文から続き話を想像して書く。	○第一次の学習である，会話文を書くときは，「 」を使って表現することを生かす。
	4	○物語の最後の場面から，つづき話を想像する。	○物語の最後の場面や地の文から，続きとして，どんな出来事が起きたのか，人物がどんな会話をしたか，想像して書くようにする。
	5	○想像したことをもとに，その後の出来事や人物の会話文をつくる。	
	6	○書いた作品を読み合い，お話のいいところを伝え合う。	
	7	○地の文から，つづき話を想像する。	
	8	○想像したことをもとに，その後の出来事や人物の会話文をつくる。	○「いいところ」を観点に伝え合うことで，表現のしかたのよさに目を向けるようにする。
	9	○書いた作品を読み合い，お話のいいところを伝え合う。	
三	10	○これからの学習に生かしたいことをふり返る。	○単元をふり返り，どんな場面で紹介文の書き方を生かせそうか話し合い，まとめる。

5 単元導入時の状態

　物語を読む際は，「　」が人物の会話文を意味していることをとらえている。しかし，日記や生活文，物語の創作などでは，「　」を用いずに書くことが多く，表現のしかたが定着するまでには至っていない。

6 「子どもの論理」で創る授業の実際（本時・第一次１／２）

❶授業のねらい

　「　」のない文章を読むことを通して，その必要性をとらえ，「　」の働きや書くときのきまりをとらえることができる。

❷授業の展開

〈学習活動①〉「　」のない文章を読み，どうすれば読みやすい文章になるか
　　　　　　　考える

C　文が全部つながっていて，誰の言葉かわかりにくい。

C　人物が２人いるけれど，どっちの話し言葉なのか区別がつきにくい。

> 読みやすい文章にするためには，どうしたらよいでしょうか？

C　誰の話し言葉なのかがはっきりわかるように，「　」をつければいいと
　　思います。

T　だったら，その文章に「　」をつけてみましょう。

C　あれ，ここはどうつけるのかな。

C　○○くんと「　」をつけている場所がちがう。

　ポイント　「　」のない文章を音読し，わかりにくさや読みにくさを実感させる。
　　　　　　必要性が生じてきたところで，「　」を実際につけてみる。つけ方に
　　　　　　ずれが生じたところで，本時では，「　」の働きや書くときのきまり
　　　　　　をとらえるという学習の方向性を示す。

〈学習活動②〉「　」の書き方のきまりを明らかにする

> どのように，「　」を使いましたか？

「　」の使い方を問い，書き方のきまりを明らかにする。

C　人物が話しているところで，「　」を使いました。

C　人物がしたことや様子を表す文には「　」はつけずに，会話文だけに
「　」をつけました。

　ポイント　ここで会話文を「　」を使って書き表すことのきまりを明らかにして
　　　　　いく。次の4点を明らかにした上で，指導していく。

　　　・会話文は，行をかえて「　」をつけて書く。

　　　・「　」はそれぞれ1ますに書く。

　　　・会話文の終わりの句点（。）と「　」は同じますに書く。

　　　・会話文が2行以上になるとき，2行目以降は1字下げて書く。

〈学習活動③〉「　」のよさをとらえる

> 「　」があることで，どんなよさがありますか？

C　「　」があると，人物の話し言葉がどこにあるかがわかりやすい。

C　一目で会話文の場所がわかり，読みやすくなる。

　ポイント　この段階では改行せずに「　」をつけて音読し，必要性を実感させる。
　　　　　その上で，会話文を「　」で書き表すことのよさをとらえる。

❸板書例

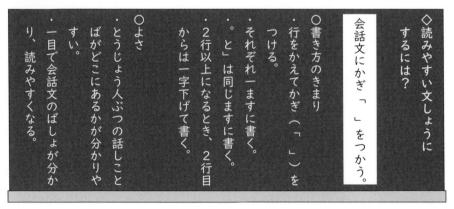

◇読みやすい文しょうに
するには？

会話文にかぎ「　」
をつかう。

○書き方のきまり
・行をかえてかぎ（「　」）を
つける。
・それぞれ一ますに書く。
・。と」は同じますに書く。
・2行以上になるとき、2行目
からは一字下げて書く。

○よさ
・とうじょう人ぶつの話しこと
ばがどこにあるかが分かりや
すい。
・一目で会話文のばしょが分か
り、読みやすくなる。

7 作品例

　どんどんすなはまをあるいていくと，白ねこにあいました。みいが，
「こんにちは。なまえはなんていうの。」
ときくと，
「ぼく，しろ。よろしくね。」
と白ねこはこたえました。みいが，
「いいなまえだね。」
というと，ふたりはすなはまをいっしょにあるきだしました。
すると，しろが，
「ここはさかながいっぱいとれるんだよ。」
と，このうみのことをおしえてくれました。みいが，
「ぼく，さかなをとるのはじょうずだよ。」

　夕方，わたしは，わすれものをとりに教室にもどりました。教室の戸
をあけると，
「赤ぐみ，がんばれ。」
「白ぐみ，まけるな。」
と，つくえの上で，こびとたちが，うんどう会をしていました。うんど
う会のようすを見ていると，こびとのひとりがわたしに気づきました。
すると，こびとが
「やあ，こんにちは。ぼく，タック。よろしくね。」
と言いました。わたしも，
「こんにちは。わたし，さおり。よろしくね。」
と言いました。

（白坂　洋一）

3 段落の学習指導

段落をつくって伝えよう！（第4学年）

1 育てたい見方・考え方

○段落の役割について説明することができる。

○自分の思いや考えをより適切に表す段落（段落相互の関係）を作ることが
　できる。

○さまざまな段落の作り方を試そうとする。

2 子どもから見た「段落」

　段落とは，文と文章の間に設定される単位である。パラグラフとも言うが，
改行によって示される段落を「形式段落」，それらを意味内容によってまと
めたものを「意味段落」と言うのが一般的だろう。段落には，問題を提示し
たり，理由を述べたり，結論を述べたりなど，さまざまな役割があり，その
関係性が書き手の思いや考えを確かに伝えていくのである（学習指導要領
（平成29年告示）解説国語編）。子どもたちにとっての段落の認識は，1字下
がっているところぐらいかもしれないが，文章を読み解く上でも，自分の思
いや考えを表現する上でも，無視できない表現様式である。

　近頃は，メールやLINEなどの普及で段落なしの文章を見ることもしばし
ばだが，子どもたちは書くことにおいて，どのぐらい段落を意識できている
だろう。もちろん，読むことにおいては，はじめから形式段落が示されてい
るし，文章の真意をつかむためには段落相互の関係（論構成）を読まなけれ
ばならない。だが，それは，あくまでも読むことの段落意識である。書くこ
ととなれば世界は別である。

しかし，ひとたび段落の作り方によって，文章全体の印象や思いや考えの伝わり方が異なる現実を目の当たりにすれば，その感覚も溶けてくる。段落は書き手の論理であり，意図である。その醍醐味にふれ，子どもたちの段落に対する見方を変えていきたい。

3　授業化のポイント

ポイント❶　段落への問いをもつ

　子どもたちは段落に対してどのような「問い」をもっているだろう。書くことの学習では，1文1段落にはじまり，「はじめ・中・おわり」の構成に材を整理し，意味のまとまりで書くことを指導する。その形に沿えば段落は整うため，ことさら段落への問いもないのかもしれないが，気がかりなのは，子どもたちが段落をどれほど必要と感じているかである。この点を問題として引き出すことが第1のポイントである。

ポイント❷　段落を作る

　段落の必要性というひっかかりを覚えた上で，段落なしの文章を段落ありの文章に作り替える。段落なしの文章は準備しておき，自由に段落作りに挑ませ，伝えたいことが伝わる段落の作り方を見つけていく学習である。子どもたちの段落に対する感覚を発露させたり，ゆさぶったりしながら学習を展開し，段落の役割を改めて考えるきっかけをつくる。ここで使用する文章は，200字程度の短い文章だが，段落相互の関係というだけではなく，段落の視覚的効果にも着目させたい。

ポイント❸　再度，挑戦する

　本単元は，まず，200字程度の短作文を書くことからスタートする。その中から段落使用の問題を見つけ，他者の文章を借りて，段落作りに挑んでいくが，そこで学んだことを生かして，再度，自らが書いた短作文を見直し，修正を加えていく。より段落に対する見方を強化し，段落を文章表現のアイテムとして使用していけるようにするためである。少なくとも，段落に対する意識の変容を意図している。

4　単元計画（全3時間）

次	時	学習活動	教師の役割
一	1	○興味・関心のある題材について200字程度の短作文を書く。 ○段落に着目して，作文を分類し，段落の必要性を話し合う。	○題材を紹介し，興味・関心を掘り起こす。 ○作文の仕分けを行い，気づきを促す。
二	2	○段落なしの文章を段落ありの文章に作り替える。 ○伝えたいことが伝わる段落づくりについて話し合う。	○段落なしの文章を用意し，見通しを示す。 ○効果的な段落作りに焦点化する。
三	3	○第1時で書いた短作文を見直し，書き直す。 ○段落の必要性や役割について振り返る。	○短作文の見直しにアドバイスを送り，段落に対する見方・考え方の変容を価値づける。

5　単元導入時の状態

　本授業は，第4学年の2学級をお借りしての実践である。総児童数は約50名である。実施時期は2月で，これまでに「はじめ・中・おわり」という組み立てはしっかり学んでいる。

　単元の導入の第1時では，子どもたちが好きなことや興味のあることを聞き，題材の掘り起こしに15分ほどの時間をかけた。その上で，予告なしに200字程度の短作文を書いてもらったが，文章のはじめのみ1字下げ，あるいは，1字下げなしの作文が約7割だった。残り3割が2段落以上の作文ということになる。

　この状況に，子どもたち自身が驚き，「段落っていらないのかな」という投げかけに対して，「段落があるとまとまりがわかる」「きれいに見える」「なくても読める」など，見方も分かれた。

6 「子どもの論理」で創る授業の実際（本時・第二次１／１）

❶授業のねらい

　伝えたいことを伝える段落作りを通して，段落の役割（効果）に気づき，段落に対する見方をまとめることができる。

❷授業の展開

〈学習活動①〉　１段落作文と５段落作文を比較する

> ## １段落と５段落，どっちの作文がいい？

　導入で提示したのは右の文章である。ここから，はじめを１字下げした１段落作文と１文１段落の５段落作文を示し，どちらの作文がよいかを問う。「１段落のほうがまとまっている」という子もいれば，「５段落のほうが１つ１つの意味がわかりやすい」といった子もいる。手が挙がらない子に尋ねると，「どちらもすっきりしない」という。それに多くの子が賛同する。

　東北の大震災から一年が過ぎた十一日も，街は電気でこうこうと輝き，スーパーにも物があふれる。まるで三月十一日より前にもどったかのようにである。しかし，被災地では震災は今も続いている。忘れることは，人間にとってなくてはならない生きる力のひとつである。もし忘れることができなければ，たくさんの情報とつらい思い出におしつぶされて，人は生きていけなくなってしまう。

外岡秀俊（2012）『「伝わる文章」が書ける作文の技術─名文記者が教える65のコツ』朝日新聞出版，p.112より改作して使用

> **ポイント**　課題文を提示し，気づきを促すと，段落がないことに子どもたちは気づく。そこで，１段落と５段落というもっとも極端な段落を示すが，鍵を握っているのは，どちらにも手を挙げない子である。

〈学習活動②〉　段落作りについて話し合う

> ## みんなだったらどう作る？

１段落作文にも５段落作文にも納得がいかないことを起点に，グループで段落作りに乗り出す。「忘れる」から改行する案や「しかし」と「もし」を段落替えのポイントにする案など，さまざまな議論が展開される。しかし，グループ発表の中でひと際目を引いたのが次の文章である。「書き手の気持ちがしかしの一文に詰まっていて，それが伝わってくる。」「しかしの一文だけの段落で，目がそこにいってしまう。」などの意見が出される。段落の視覚的な効果にも気づき，書き手の思いを伝える作戦とも言える段落の作り方である。

> 東北の大震災から一年が過ぎた十一日も、街は電気でこうこうと輝き、スーパーにも物があふれる。まるで三月十一日より前にもどったかのようにである。
> しかし、被災地では震災は今も続いている。
> 忘れるということは、人間にとってなくてはならない生きる力のひとつである。もし忘れることができなければ、たくさんの情報とつらい思い出におしつぶされて、人は生きていけなくなってしまう。

　ポイント　段落作りの根拠に重きを置いて聞き合う。上のような段落の作り方が子どもたちから出てこなければ，教師側から提示し，子どもたちの段落作りと比べてみたい。

〈学習活動③〉段落の役割をまとめる

> 段落について，考えをまとめてみよう。

　活動を通して，再び「段落は必要ですか？」と問いかけてみる。その問いに対する考えをペアに伝え，ノートにまとめる。
・段落には，書き手の気持ちがあることにびっくりしました。今までは，段落は「はじめ・中・おわり」の役目しかないと思ってました。
・５班の段落は，書き手の気持ちが一番目に入ってきたので，いい作り方です。書き手が伝えたいことを表現していると思います。
　ポイント　本時のめあて（問い）を意識させて考えをまとめる。

❸板書例

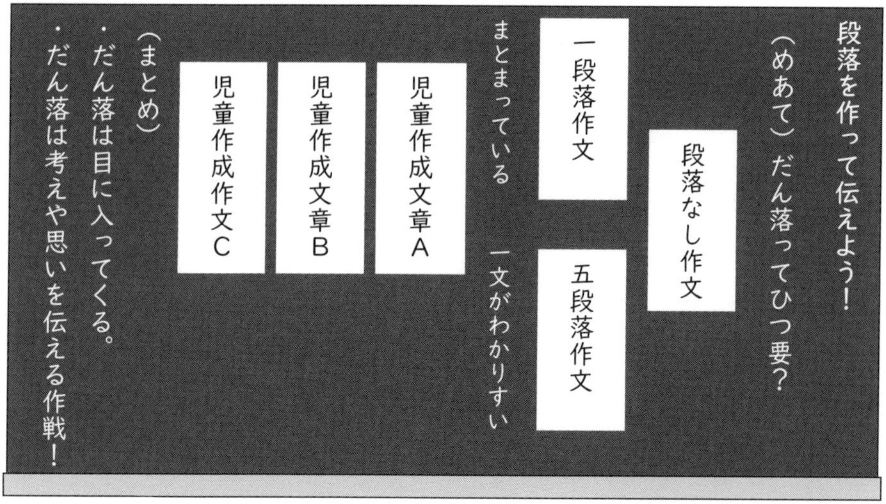
段落を作って伝えよう！
（めあて）だん落ってひつ要？
段落なし作文
一段落作文
五段落作文
まとまっている　一文がわかりすい
児童作成文章A
児童作成文章B
児童作成作文C
（まとめ）
・だん落は目に入ってくる。
・だん落は考えや思いを伝える作戦！

7　単元のふり返り

> 私は，初め別に段落はなくても変わらないと思っていました。けれど，先生が「段落のない段落を見ると気持ち悪くなるけど，段落がある作文を見ると美しく見える」といったけど，作文の勉強をして，私もそうだなと思って，段落は大切だと気付きました。
>
> 私が思う美しい作文は，書き手が『伝えたい事』が読み手に『伝わる』作文です。それが伝わらないと作文ではないと思うからです。私にとって作文は，伝えたいことを書くことだと思います。これからは伝えたいことを作文にどんどん書いて，読み手に気持ちが伝わるといいです。

ふり返りの作文には，段落は「本当は必要ないと思っていた」「なんでいるのかわからなかった」などの記述が半数を超えた。「段落は必要」という実感が広がったのは，子どもたちがさまざまに段落操作を行い，効果の検証を進めたからである。

（香月　正登）

4 引用の学習指導

「引用」を活用して感想文を書こう（第5学年）

1 育てたい見方・考え方

○「引用」を用いて自分の考えを明確にすることができる。

○他者の考えと自分の考えを関連づけることができる。

2 子どもから見た「引用」

　学習指導要領解説には，「引用して書くとは，本や文章などから必要な語句や文を抜き出して書くことである。」とある。

　児童はさまざまな文章を読みその文章に対して感想をもったり自分の考えを形成したりする。説明的な文章を読んで自分の考えを明確にしたり，読書後に書かれている内容に対して感想をもったり，また資料を基に新聞を作ったりする活動は「引用」無しに行うことはできない。「引用」は自分の考えを創ったりまとめたりするためのものである。しかし，児童は無自覚に行っているため，「引用」部分ばかりの感想文や新聞が出来上がることが少なくない。「引用」の目的や方法をくり返し丁寧に指導し定着を図る必要がある。

　学習指導要領第5学年及び第6学年「書くこと」エに「引用したり，図表やグラフなどを用いたりして，自分の考えが伝わるように書き表し方を工夫すること。」が示されている。これは，考えの形成にかかわる事項であり，原文に正確に引用することや引用する部分をかぎ（「　」）でくくるなどの使い方だけでなく，自分の考えの根拠として用いたり引用部分と自分の考えの関係を考えたりして使う力をつけなければならない。自分の論理を創り上げ，相手を納得させる「要因」として適切に使える力をつけていきたい。

引用の指導には，取り立て指導も有効である。

3 授業化のポイント

ここでは引用を活用して感想文を書く活動に関連した指導を紹介する。

ポイント❶ 引用説明文の指導

これは，「引用」を理解させ，引用を用いて書く力をつけるために，説明文の「はじめ」「中」「おわり」を使って「中」の部分に図鑑や資料から引用して簡単な説明文を書く活動である。

①まず，引用とはどんな時に使うものか，どのように使うかを説明する。

②「図鑑を使って『引用説明文』を書こう」という学習課題を設定する。

③図書室に行き，自分の興味のある図鑑の中から説明文に書くことを選ぶ。

④図鑑の中の情報を引用して「中」の部分を書く。（「はじめ」の部分の「問い」から書いても良い。）

⑤「中」の部分が答えになるように，「はじめ」の部分（問い）を書く。

⑥「おわり」には，まとめと簡単な感想を書く。

⑦友達と読み合い，引用部分が正しく書けているか確認する。

　みなさんは太陽系ということばを知っていますか。太陽系は，太陽とその周りをまわっている惑星からなっています。

　では，太陽系の順番は，どのようになっているのでしょうか。

　「太陽からみて，惑星の順番は，水星，金星，地球，火星，木星，土星，天王星，海王星となっています。」

　では，惑星はどのような成分でできているのでしょうか。

　木星と土星を紹介します。

　「木星は，太陽系最大の惑星で，主成分はガスです。」また，「土星は，大規模なリングをもち，大きな球を囲むリングは氷と岩，ちりなどでできています。」

　ほかの惑星の成分も調べてみると，それぞれ違うことが分かります。太陽系には多くの不思議なことがかくされています。どのようにしてできたのか調べてみるとおもしろいかもしれません。

ポイント❷　引用感想文の指導

　先に述べた引用説明文と同様，簡単にまとめた伝記を用いて人物の残した業績や明言を引用して短い感想文を書く活動である。

　感想文を書くためには，「引用」と「要約」の力が必要となる。筆者の取り上げた人物の生き方・考え方を要約してとらえ，どのような行いや言葉に対してどのような感想をもったのかを自分とかかわらせながら表現させる。

　ここでは，マザー・テレサの伝記を用いてその業績や言葉を引用して感想文を書く活動を行う。業績や言葉を選び，そこから自分の考えをもつことは，根拠を明確に児童一人一人の論理を創り上げることになる。

①伝記を読みどんな生き方をした人かを知る。

②人物の生き方や考え方に対してどんな感想をもったか，短い言葉で表現する。

③そう思った根拠になる人物の行動や言葉を引用して感想文を書く。

④友達と感想文を交流してさまざまな見方・考え方を知る。

　「すべての人に幸せを」。私はマザー・テレサの伝記を読み終えてこの言葉が浮かんできました。

　それは，次のことからです。マザー・テレサは一生をかけて，貧しさに苦しんでいる人と共に生きた人でした。私が一番感動したのは，「大切なのは，どれだけ多くをほどこしたかではなく，それをするのに，どれだけ多くの愛をこめたかです。大切なのは，どれだけ多くを与えたかではなく，それを与えることに，どれだけ愛をこめたかです。」という言葉です。テレサは病気の人や家のない人々に，分けへだてなく愛情を注ぎ接していました。

　そして，誰もが幸せを感じて死んでいけるように，「死を待つ人の家」を設立しました。テレサは「恵まれない人々にとって必要なのは多くの場合，金や物ではない。世の中で誰かに必要とされているという意識なのです。」という言葉も残しています。

　自分が誰かに必要とされていると感じたとき人は一番幸せなのだということは私にもわかるような気がします。すべての人に愛を与え続けた素敵な人だと思いました。

ポイント❸　自分の生活や経験との関連指導

　感想文には，本の中のおもしろかった出来事や人物の言動に対して感じたことをこと書き，自分の考えを明確にする。本の中の登場人物と自分を比較したり，書かれている事情に関する経験を関連させたりして，豊かなものの見方・考え方へとつないでいきたい。

4　単元計画（全7時間）

次	時	学習活動	教師の役割
一	1	○「引用」とはどうすることか，どんな時に使っているかを想起し，引用を使って感想文を書くという学習課題を設定する。	○「引用」という言葉の意味を伝え，これまで調べ学習や新聞づくり，感想文を書く活動などで使っていることを押さえる。
	2	○引用を使って簡単な説明文を書く。	○引用の使い方を指導し，図鑑等を用いて引用の書き方を押さえる。
二	3	○感想文の書き方を考える。	○どのような感想文が心に残るか話し合わせ，自分の生活や経験と関連させて書くことをとらえさせる。
	4	○引用を用いて感想文を書く。	○短くまとめた伝記を用意し，その伝記の中から引用する部分を決めて感想文を書かせる。友達と感想を交流することでさまざまな感想があることに気づかせる。
	5・6	○選んだ本の中から引用する部分を決めて感想文を書く。（本時）	○読んだ本の中から心に残ったところを引用して感想文を書かせる。
三	7	○友達の書いた感想文を交流する。	○どのような言動や場面を取り上げて自分と関連させているかという視点で交流させる。

5　単元導入時の状態

　児童はこれまで感想文を書いた経験はあるが引用を意識して書いている児童は少ない。さまざまな活動で引用が活用できることをとらえさせ，今後の学習で使える力をつけていく必要がある。

6　「子どもの論理」で創る授業の実際（本時・第二次3・4／4）

❶授業のねらい

　読んだ本の中から心に残ったところを引用し，自分の生活や経験と関連させて感想文を書くことができる。

❷授業の展開

〈学習活動①〉読んだ本の内容と感想を短く書く

> 読んだ本の感想を一言で表すと？

　読んだ本の内容やあらすじを短く要約して書く。この要約にも丁寧な指導が必要である。物語や伝記ならば，「◻︎◻︎が◻︎◻︎して◻︎◻︎なったお話」とまとめることもできる。そして，感想を一言で表し，その内容をくわしく書くよう指導する。

　　ポイント　　あらすじばかりの感想文にならないように，本の内容を要約させ，全体を通しての感想を短い言葉で表現させる。

〈学習活動②〉引用する部分を考える

> どの部分を引用する？

　自分が伝えたい感想をわかりやすく表現するには，内容のどの部分を取り上げ，どの文章を引用すればいいのかを考え，取り上げた文章に対する自分の考えをくわしく書く。

　　ポイント　　1つに決める必要はないが，物語のテーマや内容の大事な部分を取り上げるように助言する。

〈学習活動③〉集めた記号の中から説明文に書く事例を選び順番を考える

> ## 自分の生活や経験と比較したり関連づけたりしてみよう。

　読んだ本の人物と自分を比較し，相違点や共通点について考えを書く。また，自分の生活に生かしていきたいと感じたところを書く。

| ポイント | 児童一人一人が感じたことや引用した部分を大切にしながら，自分を振り返らせたい。読書によって新しい考え方に触れ，自分の考えを作り出す楽しさを大切にしたい。 |

7　作品例（『すてきな三にんぐみ』トミー＝アンゲラーさく　いまえよしともやく）

「本当に「すてき」な三にんぐみ」

　ぼくは，四年生の初め，「すてきな三にんぐみ」という本を読みました。初めは盗みをしたり子どもをさらったりしたりしていた三人が，女の子との出会いによって，人を助ける人に変わります。この時，ぼくは「人の気持ちってこんなに変わるんだ。おもしろいな。と思いました。

　「おそろいのあかいぼうしにあかマント。」すてきな三人組の村の人達はみんなこの衣しょう…「すてきな三人組はすごい！」ぼくは，この本を読み終えて思わずつぶやきました。そして，「すてき」の意味が分かりました。

　「あらわれてのは，くろマントに，くろいぼうしのさんにんぐみ。それはそれはこわーい，どろぼうさまのおでかけだ。」この書き出しでわかるように，三人組は，人々をおどして多くの宝物をぬすんではかくれ家にかくしていました。

　ある日，三人組は，ティファニーちゃんという女の子をさらいます。ティファニーちゃんは，宝物を見て「まぁぁ，これ，どうするの？」と聞きました。三人は，はっとします。それまでぬすんだ宝物を何に使うのかを，考えたことがなかったのです。「さんにんぐみはあつめたあつめた。さびしくかなしく，くらいきもちでくらしている，すてごやみなしごをどっさりと。」三人は，それからお城を買って，かわいそうな子どもを育てるようになります。大人の三人は，小さな女の子に大切なことを教えられたのだと思いました。三人にとってティファニーちゃんは運命の人だったのかなと思います。どろぼうだった三人が，人のために仕事をすることや困っている人を助ける三人になるのだから。そして，三人の「すてき」な心で，みんなが幸せに暮らせる村になりました。

　ぼくは，どんな人にも「すてき」な心があるのだと思いました。

　ぼくは，学級委員をしています。この本を読んで，学級のためにみんなことを考えて，ぼくができることをしたいと思いました。みんなの考えを出してもらうようにがんばりたいと思っています。

　「あとがき」には，作者のアンデラーさんがどのような人かが書かれていました。そしてその中に「この絵本は，娘のフィービーちゃんに捧げられている」とありました。ぼくは，アンデラーさんも「すてき」なお父さんだと思いました。アンデラーさんは娘に幸せになってほしかったのだと思います。それに，娘だけでなく，多くの子供たちに，人を信じることやその信じる心で人は変わるということを伝えたかったのかなと思いました。

　この本は，ぼくの心に残る一冊になりました。

（大澤　八千枝）

5　情景描写の学習指導

情景描写で語ろう！（第5学年）

教材　「大造じいさんとガン」（光村図書他・5年）

1　育てたい見方・考え方

○情景描写をとらえることができる。

○情景描写を使って人物の心情を表現することができる。

○文章全体の中で情景描写を効果的に使おうとする。

2　子どもから見た「情景描写」

　描写とは「物事の様子や場面，行動や心情などを，読み手が想像できるように描いたもの」（学習指導要領（平成29年告示）解説国語編 p.147）である。物語的な作文で，構成とともに重要な役割を担っているのがこの「描写」であろう。描写によって，エピソードがリアリティをもって映し出されるからである。

　描写には，行動描写，心理描写，情景描写などがあるが，本実践は，情景描写を扱った実践である。ここでは，情景を描くに留まらず，「人物の心情を風景や様子に重ねた表現」として学習を展開する。子どもたちの文章生活の中では，行動描写，心理描写に比べると，あまり活用が見られない表現方法であろう。しかし，ひとたびその効果を味わえば，表現のおもしろさに気づき，好んで使用する姿も生まれてくる。物語好きな子どもにとっては，むしろ，こだわりの強いものになるかもしれない。

　本実践で使用する「大造じいさんとガン」は，情景描写についても高い教材性を備えた作品である。読解教材としてではなく表現教材として使用し，情景描写の効果を議論する。子どもたちは情景と心情が重なった映像をどの

ように評価するだろう。ここで得た実感が情景描写の工夫を生み，子どもたちのもつ生活感覚やセンスが拓かれていくことを願っている。

3　授業化のポイント

ポイント❶　これまでの作文を見直す

　これまでに書いてきた物語的作文を見直す。「体がぶるぶるふるえていた」（行動描写），「心があたたかくなる」（心理描写），「イルミネーションがきらきら光っていた」（情景描写）の3つの観点である。作文ノートを見合っても行動描写，心理描写は目に付くが，情景描写はほとんど出てこない。さて，なぜだろうか。そういう議論も交えながら，練習教材を使って情景描写を描いてみる。こうして情景描写の必要性や効果という問題意識を引き出し，単元をスタートする。

ポイント❷　『大造じいさんとガン』の情景描写に学ぶ

　本教材「大造じいさんとガン」は，大造じいさんと残雪との関係性の変化に着目し，物語のテーマ性を読み解く学習はすでに終えている。今回の学習は，読解学習後に，作文単元として「大造じいさんとガン」を組み入れたものである。そこで取り出した情景描写は以下の4つである。

　　ア　秋の日が，美しくかがやいていました。

　　イ　あかつきの光が，小屋の中にすがすがしく流れこんできました。

　　ウ　東の空が真っ赤に燃えて，朝が来ました。

　　エ　らんまんとさいたスモモの花が，その羽にふれて，雪のように清らかに，はらはらと散りました。

　いずれも効果的な表現だが，より効果を鮮明にするために「もっとも効果的な情景描写は？」を中心的な問いとして話し合いを展開する。情景描写への批評が子どもたちの意識をさらに高める。

ポイント❸　情景描写を使って作文する

　これまでに書いてきた物語的作文に情景描写を取り入れるか，新たに情景描写を使って物語的作文を書くかは子どもたちの選択とし，情景描写を効果

的に使うことを課題に作文する。作文後は効果を軸に交流し，情景描写を楽しみたい。情景描写の有無によって，物語の奥行や味わいに差が生まれてくることを共有したい。

4 単元計画（全5時間）

次	時	学習活動	教師の役割
一	1	○これまでに書いた物語的作文を見直す。 ○情景描写を練習し，必要性や効果を話し合う。	○行動，心理，情景の3つの観点を示す。 ○浮かんだ情景描写を黒板に書かせる。
二	2 3	○「大造じいさんとガン」の中から情景描写を見つける。 ○見つけた情景描写の効果について話し合う。（本時）	○情景のみの描写と心情の重なりを区別する。 ○時間的，空間的な効果などを押さえる。
三	4 5	○情景描写の効果を考えながら物語的作文を書く。 ○効果を批評の観点として作品を交流する。	○その瞬間に何がどう見えたかを助言する。 ○優れた作品を全体で披露する。

5 単元導入時の状態

　実践の時期は10月である。物語的作文とは，日常の出来事を物語的に切り取り，「はじまり（設定）－展開－山場－結び」の構成で書く作文である。1学期の5月から指導をはじめ，行動描写，心理描写，情景描写についてはすでに子どもたちは承知しており，情景描写も稀に見られる。これまでの指導の中心は，「嬉しい」「楽しい」「悲しい」などの直接的な心情表現を使わないで，行動や様子で表現することであった。ここから情景と心情の重ね合わせという表現方法を使った作文指導を展開する。

6 「子どもの論理」で創る授業の実際（本時・第二次２／２）

❶授業のねらい

　情景描写の効果を，中心人物の変容や空間の広がり，時間的な経過の視点から意味づけることができる。

❷授業の展開

〈学習活動①〉心情が表れている言葉を確認する

> 大造じいさんの気持ちが見えるのはどの言葉ですか？

　前時に取り出した４つの情景描写を黒板に示し，大造じいさんの気持ちが見える言葉を確認する。「美しく」「すがすがしく」「真っ赤に燃えて」「雪のように清らか」に感じているのは大造じいさんである。

　ポイント　心情と情景の重なりというベースを確認して授業を展開する。

〈学習活動②〉情景描写の効果について話し合う

> もっとも効果的な情景描写はどれですか？

　子どもたちの選択は，先に示した情景描写のうち，「ウ　東の空が…」が圧倒的で，数名が「エ　らんまんと…」である。

〈ウの意見〉

C　「さあ，いよいよ，戦とう開始だ」という大造じいさんの気合が，「東の空が…」に重なります。大造じいさんは，２回連続で残雪にやられているから，これまでとは気持ちがまったく違うことが伝わってきます。

C　大造じいさんの気合いが，空にまで広がっている感じがしてすごいんだけど，そういう「今度こそは勝つ！」みたいなのが伝わってきます。それが，クライマックスの一文とつなげると，「参った！」みたいになって，残雪に対する気持ちが変化したのをすごく感じます。

〈エの意見〉

C　激しい戦いから一変して，すごく静かな感じがします。静かな中で，残

雪を見送る大造じいさんの気持ちが「雪のように清らか」で，真っ白なんだなと思うとぐっときます。

C　スモモの情景描写があると，時間の流れを感じます。残雪が一直線に飛び上がって，すぐに，「おうい，がんの英ゆうよ。」となると，一瞬の出来事のようだけど，すごく時間がゆっくり流れているようで，大造じいさんも気持ちが落ち着いていて，すがすがしいんだろうなと思います。

　エを選んだ子の「時間の流れ」という見方は学級の子どもたちをはっとさせ，逆転現象を引き起こす。

　ポイント　情景描写の効果という点で子どもたちの発言を聞き分け，互いの意見に対する考えを引き出す。

〈学習活動③〉情景描写のつながりについて話し合う

> アとイの情景描写は無くてもいいですか？

　子どもたちは，「大造じいさんの気持ちが山場に向けて高まっているのが情景描写からもわかる」「大造じいさんの気持ちの変化が行動と情景の両方で表現されて，大造じいさんと情景が１つになったよう」など，物語全体を通しての情景描写の効果を説明する。

　ポイント　物語全体に目を広げ，情景描写のつながりに着目する。

❸板書例

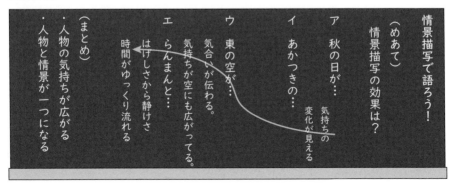

7　作品例

❶第一次の練習教材

> 　そうじが始まった。今週は理科室のそうじだった。ビーカーを洗おう
> として，一つのビーカーを手に取った。すると，その手がすべって…
> 「パリ～ン。」
> 　目の前が真っ白になった。目に映ったのは，われたビーカー。やって
> しまった。ひたいから汗が流れる。先生に言おうと，職員室に向かった。
> なんだか心ぞうの音が速くなっているみたいだ。職員室までのろう下が
> 〔　　　　　　　　　　　　　　　　　　　〕。　　　　　　（後半，省略）

❷第三次の作品

> 　　　　失敗も経験
> 　　　　　　　　　　　　　　　　　　　　　　　　　　　　S・S
> ①それは，寒い日の昼だった。でも，私の心はほかほかだった。バレエ
> のぶ台でおどりたかった「チャイナ」がおどれるからだ。心なしか，ぶ
> 台のイルミネーションがきらきら光っている。
> ②とうとうぶ台に立った。少しきんちょうするけれど，このきんちょう
> も気持ちいい。でも，足が思うように動かず，つま先で立ちきれない。
> 「あっ！」
> ③足がすべった。頭が真っ白になり，周りの動きがゆっくりに見える。
> そして，そのまま次のポーズに移った。次こそは…どうか…。
> 「トン。」
> ④つま先の音がなった。かかとがついた音ではない。そのままおどって，
> 気がつくと最後のポーズだった。ホッとした私は，思わず胸をなで下ろ
> していた。　　　　　　　　　　　　　　　　　　　　　　（後半，省略）

（香月　正登）

6 構成の学習指導

54字作文に挑戦！（第5学年）

1 育てたい見方・考え方

○54字作文の仕組みをとらえることができる。

○状況の変化や因果関係を考え，54字作文を書くことができる。

○さまざまな状況を設定し，54字作文を作ろうとする。

2 子どもから見た「構成」

　構成とは，さまざまな要素を1つにまとめる組み立て方のことである。書くことでは，集めた材料をどのように配置し，主張や結末につなげていくかということになろう。語，文，段落，場面がその単位となる。

　本実践で扱う54字作文は，氏田雄介（2018）が出版した『54字の物語』に寄る。わずか54字（9字×6行）という文字数に物語が凝縮され，謎解きのおもしろさがある。作り方の手順は次のように示されている。

　(1)物語のシチュエーションを決めよう

　(2)そのシチュエーションの「普通」を考えよう

　(3)「普通じゃない」状況を考えよう

　(4)「なぜ？」「何？」を考えよう

　(5)文字数を気にせず書いてみよう

　(6)54字に調整しよう

　ちなみに，この54字作文では，文字数は54字ぴったりであること，句読点や鍵括弧にも1マス使うことが基本ルールとなっている。

　ここからもわかるように，54字作文は，文章量こそ少ないが，しっかりと

した構成（右図）をもっていて，物語の「落ち」を匂わせることで終わるというテクニックが求められる。こうした見方・考え方，技能は，通常の物語文・説明文にも十分転用できる。

54字作文は，子どもたちから見れば，とてもおもしろい，挑戦したくなる作文である。構成の難しさはあるが，作品の魅力がある。完成する，しないに重きを置かず，こうした構成的な見方・考え方に何度もふれる，挑戦する，完成形をイメージして考えることを大事にしたい。

3　授業化のポイント

ポイント❶　54字作文を楽しむ

『54字の物語』に掲載されている作品を紹介する。パワーポイントを使って１文ずつ提示し，謎解きのおもしろさに引き込む。どんな物語だったか，何が起こったのかを想像しながら作品を楽しみ，ひとしきり楽しんだら，54字作文の穴あきに挑戦し，書き手の感覚を味わう。

54字作文の感覚を子どもたちの中に広げ，54字作文を作ってみたいという意欲を引き出す。

ポイント❷　54字作文の構成を押さえる

全員で54字作文を作る体験をして，それぞれで作る作業に移る。先に示した構成図を使ってアイデアを練り，ペアの友達に相談しながら作品作りを進める。構成図の作成と，「落ち」を中心に指導に当たるとともに，下書きを何枚もできるように準備をし，試行錯誤できる環境を整える。

54字作文の作品コンクールへのエントリーは何作品でもよいし，お気に入りができなければ出さなくてもよい。出された作品は教師が予備審査を行い10作品程度に絞る。

ポイント❸　作品を批評する

　作品の批評は，まずもって総体的なおもしろさである。読んでおもしろいと思えたものを選出し，構成や言葉遣いなどの巧みさを話し合う。優秀作品に選ばれた子どもの書き手としての工夫を聞き，自分の54字作文への取り組みを振り返る。

4　単元計画（全3時間）

次	時	学習活動	教師の役割
一	1	○『54字の物語』の作品の謎解きをしたり，穴埋めをしたりして，54字作文の特徴をつかむ。	○紹介する作品を選び，おもしろさが感じられるように提示する。
二	2	○構成図を使って，54字作文のアイデアを練り，54字作文コンクールに応募する作品を作る。（本時）	○作品作りの感覚を体験させ，構成や落ちを個別に指導する。
三	3	○予備審査を通った作品の中から優秀作品を選び，優れた点を話し合う。 ○自分の取り組みを振り返る。	○作品の書き手がわからないように示し，構成のよさを価値づける。

5　単元導入時の状態

　ほとんどの子どもたちにとって54字作文は未体験である。図書館で本を見つけたり，家に持っていたりする子もいたが，自分が書き手として作品を作った経験はない。以下は，作品との出会いでの気づきである。

　　・書き手は「なぜ？」「何？」をわかってるけど語らないのがおもしろい。

　　・あっそ〜えー！　そうなるーってギャップだらけ。想像力が必要になる。

　　・身の回りにあるものすべてがアイデアとして使える。

　子どもたちは54字作文に興味津々で，これなら作れそうとか，落ちがいるから難しいなど，さまざまな感想を語っていた。

6　「子どもの論理」で創る授業の実際（本時・第二次１／１）

❶授業のねらい

　54字作文を作る活動を通して，発想を飛ばしたり，因果関係を確かにしたりして，54字作文の構成を楽しむことができる。

❷授業の展開

〈学習活動①〉54字作文の作り方を体験する

> なぜ，こうなったのかな？　どのように表現しよう？

　まず，普通の状況から考える。ここでは，子どもたちに身近な給食を取り上げ，「いつもＡ君は給食をおかわりする」とした。では，普通じゃない状況はどうするかを問うと，「Ａ君がおかわりしない。それどころか，給食を残してる！」がいいと言う。では，なぜ，Ａ君は給食を残したのかを考える。病気が真っ先に挙がるがおもしろ味がない。これは小学生あるあるだが，「３，４時間目の調理実習で食べ過ぎたことにしよう」となる。さて，それをどう表現するかだが，「調理実習で食べ過ぎた！」とは言えない。「調理実習，おいしかったね」「調理実習，ごちそうさま」なら，Ａ君が調理実習で食べ過ぎたことが想像できるのではと，54字作文を書いてみる。

　ポイント　手順をしっかり踏んで，ポイントを板書で押さえる。

〈学習活動②〉構成図を作る

> 普通の状況と普通じゃない状況をおもしろくつなげてみよう。

　早速，子どもたちは思い思いに普通の状況と普通じゃない状況を書き込んでいく。子どもたちが一番悩むのは変化の理由である。

〈Ｉ君の場合〉

　Ｉ君のシチュエーションはテスト勉強である。「明日のテストに備えて必死に勉強した」が普通の状況。普通じゃない状況は「テストの結果が０点だった」である。原因はテスト勉強の間違いだが，Ｉ君は，国語と算数を間違

えたとし、「算数のテストに漢字が出ない！」を落ちにする構想である。

〈Mさんの場合〉

Mさんが取り上げたのは、黒板を消すという行為である。黒板を消すと隣の教室が見えてくるというミステリーである。黒板を消すと、書かれた文字が消えるのではなく、黒板が透明化していく（消える）と言う。消すというイメージが揺さぶられる。

普通の状況から普通じゃない状況への変化、そして、その因果関係が読み手の予想を超えるとおもしろさが増す。そういう相手意識が必要になる。

ポイント　子どもたちの発想を聞き出し、おもしろさを価値づける。

〈学習活動③〉54字作文を仕上げる

> 「答えを言わない」に気をつけて仕上げましょう。

いよいよ54字作文に仕上げる。基本ルールに従って、ぴったり54字に仕上げるのは難しいが、俳句や短歌と同じように、1文字の助詞にも気をつけるようになる。子どもたちにとっての難関は「答えを言わない」ということである。最後の最後で正体がわかったり、状況が逆転したりする表現の工夫に力を注ぎ、54字作文を楽しみたい。

ポイント　最後の1文、2文に着目し、表現のおもしろさを検討する。

❸板書例

54字作文にちょう戦！

給食を何ば
いもおかわ
りする

想像させる

調理実習
でおかわ
りをしま
くる

答えを言わない

給食を残す

ヒントだけ

給食時間に目を輝かせ何杯もおかわりするA。が、給食を残した！病気？うそ？やだ！午前の調理実習おいしかったね。

7　作品例

❶54字作文

今日は快晴だ。私は絵を書いている。一本の長い線を引いた。すると、その線は空まで達する。どこまでも続く白い線。

今日はクリスマスイブ！楽しみに過ぎて七時に寝ちゃった！でも朝起きてもなにもない。ぼくは考えた。ぼくは二十歳。

踏切の中で、赤ちゃんが寝ている。そこへ、電車が突っ込んでくる。危ない！あ〜電車は赤ちゃんに当たって脱線した。

外を歩いていると、頭の上に冷たい何かが落ちてきた。雨かな？傘忘れた。空にはカラスの大群が広がっていた。えっ？

❷単元のふり返り

　54字作文を作ってとても楽しかったし，作文ってこんなに楽しんだってあらためて思った。私は，最優秀にも優秀にもならなかったけど，次もまたこれ以上におもしろいものを作りたいなと思った。自学でもまたやってみたい。

　作文は人を笑わせたり，想像力を働かせたりしてすごいものだと思う。私は自分の思いを表現するのが苦手だけど今ならスラスラ書けそうだし，しっかり伝えられそうな気がする。おもしろくて，楽しくて，感動する作文を書きたいです。この授業を受けて，作文に対する気持ちが変わりました。

（香月　正登）

第3章

「子どもの論理」で創る
文学的作文の授業

1 物語文（低学年）の学習指導

「中」の出来事をつくろう（第2学年）

教材 「絵を見てお話を作ろう」（東京書籍・2年）

1 育てたい見方・考え方

○絵を見て，経験したことや想像したことなどから書くことを決め，「はじ
　め」「中」「おわり」のまとまりのある物語を書くことができる。
○会話文としてかぎ（「　。」）の使い方を理解し，物語の中で適切に使うこ
　とができる。

2 子どもから見た「物語文」（低学年）

　この期の子どもたちは物語を読むことが好きである。物語を読み，感想を
交流するという活動は，これまでの学習や日常的な読書活動において行って
きた。一方，物語を想像して書く活動は学習活動として初めてである。また，
その活動を日常生活で経験してきた子どもは多くない。

　本単元では，物語における「はじめ」「中」「おわり」の構成を意識させ，
「中」で出来事が起こることを，物語づくりを通して理解できるようにする。
ここでは「中」の出来事を「はじめ」と「おわり」にうまくつなげなければ
ならない。つながりを意識して物語をつくる過程を，パズル感覚で楽しむこ
とができる教材である。

　そこで，まず3枚の絵から「中」の出来事の会話文をつくる活動を2人組
で行う。それぞれが想像したことを1つにまとめて物語にしなければならな
いため，自然と対話の必要性が生じる。また初めて物語を書くということも
あり，2人組で行うことで，活動のハードルを下げることができる。

　次に，「はじめ」と「おわり」の絵を読み，「中」の出来事をつくる活動を

行う。「中」の絵を描く活動を通して，どんな出来事が起きたのかを具体的に想像させるとともに，人物間でどんな会話があったのかを想像させる。

　いずれの活動においても，書く前に口頭作文を取り入れることによって，イメージをよりもたせることができるようにする。

3　授業化のポイント

ポイント❶　2段階で書く

　「書くこと」の単元において，実際に書く活動は一度きりということが多くみられる。本単元では，書く活動を段階的に2回取り入れている。1回目の書く活動では，主に会話文としてかぎ（「　」）の書き方の指導を行う。2回目は「中」の部分の出来事の書き方指導を行う。「中」の部分を書く際には，必ず1回目で扱った会話文としてのかぎの書き方は必要となってくる。

　活動としては同じ，物語を書く活動ではあるが，それぞれにおいて異なるねらいをもつ単元構成となっている。

ポイント❷　口頭作文を取り入れる

　物語を想像して書く活動は，子どもたちにとって初めての学習活動である。①物語を想像する，②まとまった文章として書くとこれらのことに難しさを覚える子どもも当然いるだろう。そこで，文章を書く前に，口頭作文を取り入れる。「中」の部分の出来事や会話文を想像し，表現する。話す側は想像したことを話し言葉で即時的に表現することができる。また聞く側は友達の発表を聞くことで，自分も表現したいという欲求を高めるとともに，お話づくりのイメージをより鮮明にすることができる。

ポイント❸　2人組で書く

　特に1回目の書く活動では，2人組でお話を書く活動を取り入れている。ここでの一番のねらいは対話を通した創作の達成感，喜びの実感である。それぞれが想像したことを1つにまとめて物語にしなければならない。他者である友達と対話しながら書くことを通して，それが完成したときの喜び，達成感を味わうことは，次の書く活動への原動力となる。

4 単元計画（全9時間）

次	時	学習活動	教師の役割
一	1	○3枚の絵から場面の様子を想像し，「中」の会話文を2人組でつくる。	○「中」の絵に焦点化し，人物がどんなことを話しているかについて想像させる。
一	2・3	○会話文としてかぎ（「　」）の書き方を知り，3枚の絵のお話を書く。	○会話文を書くときは，かぎ（「　」）を使って表現することを教える。
一	4	○書いた作品を読み合い，お話のいいところを伝え合う。	○「いいところ」を観点に伝え合うことで，次の活動の意欲づけとする。
二	5	○「はじめ」と「終わり」の絵から場面の様子を想像し，「中」で起きた出来事や人物の会話文をつくる。（本時）	○「はじめ」と「おわり」を示し，絵の違いに気づかせる。「中」の部分でどんな出来事が起きたのか，人物がどんな会話をしたか，想像させる。
二	6・7・8	○「中」で起きた出来事を絵に表し，会話文を使ってお話を書く。 ○書いた作品を読み合い，お話のいいところを伝え合う。	○口頭作文をすることを通して，イメージを明確にする。
三	9	○これからの学習に生かしたいことをふり返る。	○単元をふり返り，これからの物語づくりで生かしたいことをノートにまとめる。

5　単元導入時の状態

　これまでは順序を意識して，生活文や観察・記録文を書く活動を経験している。物語を想像して書くこと，「はじめ・中・おわり」を意識して書くことは初めてである。

6　「子どもの論理」で創る授業の実際（本時・第二次1／4）

❶授業のねらい

　「はじめ」と「おわり」の絵から出来事や人物の会話について想像し，話し合うことを通して，「中」の部分をお話として文章に書くことができる。

❷授業の展開

〈学習活動①〉「はじめ」と「おわり」の2枚の絵を示し，違いを話し合う

> 同じような絵ですね。アの絵とイの絵は，どこが違いますか？

　ア：「はじめ」には，りすとうさぎが描かれている。イ：「おわり」には，りすとうさぎ，あひるが描かれている。この2枚の絵を子どもたちに示す。上記のように問うことで，2枚の絵の違いに気づかせる。

C　2枚は同じではないよ。イの絵には，あひるが出てきている。

C　書かれている場所もアとイでは違うよ。変わっている。

C　この絵はつながっているんだよ。

T　つながっている？　どうつながっているの？

C　アからイにお話がつながっているんだよ。

　ポイント　2枚の絵の違いを観点に比べることを通して，2枚の絵につながりが
　　　　　　あることに気づかせる。2枚の絵を矢印でつなぎ，関係を示す。

〈学習活動②〉「中」の部分でどんな出来事が起きたのか，人物がどんな会話
　　　　　　　をしたか，想像したことを話し合う

> （2枚の絵を示しながら）この間にどんな出来事があったんだろうね？

中の部分でどんな出来事があったのか想像させる。イメージが膨らんでき
たところで，口頭作文をする。

C　あひるさんのところに行って一緒に池遊びをしたんじゃないかと思うよ。

C　川の向こうへ行きたいから，あひるさんのところに「川の向こうへ連れ
　　て行って」ってお願いに行ったんじゃないかな。

T　今，お話してくれたことを1枚目から続けてお話してくれる？

C　ある日，うさぎとりすが話をしていました。
　　「川の向こうにお花がたくさん咲いている野原があるよ。」
　　「いいね，いいね。行ってみよう。」
　　2人はあひるのところへやってきました。（略）

　ポイント　口頭作文を取り入れ，複数の児童に発表させることで，「中」の出来
　　　　　　事のイメージを確かなものにする。

〈学習活動③〉「中」の出来事や人物の会話をお話として文章に書く

> 「中」でどんな出来事が起きて，どんなお話をしたのか書きましょう。

　ポイント　想像した出来事や会話をお話としてノートに書く。なかなか書けない
　　　　　　児童は板書を参考に，発表された出来事から選んで書くようにする。

❸板書例

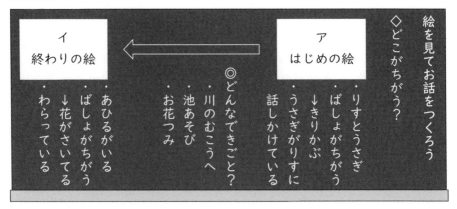

7 作品例

（「はじめ」の絵を中心に）

　ある日，うさぎがりすに，

「川のむこうには花いっぱいの，の原があるみたいだからいこうよ。」

と言いました。りすが，

「わーい。いこう，いこう。でも，あそこにいくには大きな川があるよ。」

と言いました。うさぎはこまってしまいました。およげないからです。

「りすさん，どうしよう。ぼく，およげないよ。」

すると，りすが大きな声で

「そうだ。あひるさんのところへいっておねがいしよう。」

と言いました。

　りすとうさぎはあひるのところへいっしょにむかいました。　　（略）

（「中」の絵を中心に）

　りすとうさぎがあひるのところへいくと，あひるは池でのんびりおよいでいました。りすが，

「あひるさん，川のむこうに花いっぱいの，の原があるみたいだから，ぼくたちをつれていってほしいんだけど。」

と言いました。のんびりしていたあひるは，

「いいよ，いいよ。まかせてくれよ。」

とはりきって言いました。

　りすとうさぎは，あひるに

「ありがとう。」

と言いました。

　りすとうさぎとあひるは川のむこうへいくことにしました。　　（略）

（白坂　洋一）

95

2 物語文（中学年）の学習指導

冒険物語でハラハラドキドキを楽しもう（第3学年）

教材 「たから島のぼうけん」（光村図書・3年）

1 育てたい見方・考え方

○物語には読者を楽しくする仕組みがあることを見つけることができる。
○物語の「はじめ－中－おわり」の中を2つに分けて構成することができる。
○作った冒険物語を交流して，作品のよさを読み味わうことができる。

2 子どもから見た「物語文」（中学年・冒険物語）

　本単元で取り組む物語文は，冒険物語である。冒険物語とは，さまざまな困難が中心人物に立ちはだかり，それに立ち向かいながら1つのことを成し遂げていく物語である。子どもたちにとってはその困難を乗り越えるハラハラドキドキ感がたまらなく，楽しみながら書き進めることができる作文である。では，そのハラハラドキドキ感は，どのようにして生み出されているのだろう。そういう問いが湧くと，子どもたちは物語の書き手としてその仕組みに注目しなければならなくなる。

　冒険物語を書く段階では，中心人物にどんなことが待ち構えて，どのように乗り越えていくかを考える中で，子どもの冒険心が膨らみ，子どもの主体が立ち上がっていくだろう。ここは，子どもたちの想像や発想を充分に引き出しておく必要がある。そして，時折，書き手として物語を俯瞰しながら，自分が描きたい「結」になっていくかを考える。そうすることで，中を2つに分けた「承」と「転」とのつながりを意識しながら物語の筋を通すことができるようになる。

　作品の交流場面では，起承転結を意識した構成がどんな物語のおもしろさ

96

を生み出しているか，改善の余地はないかなどを話し合う。友達のよかった点やアドバイスを含めた意見交流が中心である。そして，友達からもらったアドバイスや友達の作品のよいところをもとに再度自分の作品を見直す。自分の書いた物語文がどのように読み手に伝わっているかを見ることで，読者の反応を間近で感じ，よりよい展開に即時につなげることができる。

　初めて挑む物語作文では，自分の発想や思いを大切にしながら，書き進めることができるようにしたい。その中で，ハラハラドキドキ感を得ることができるのは起承転結という物語の構成の中の「承」と「転」であることに気づき，表現することの楽しさや難しさを体感する。

3　授業化のポイント

ポイント❶　「承」「転」の取り入れ

　はじめに，昔話『桃太郎』を使って起承転結の構成を明らかにする。誰もが知っている物語を取り上げることで物語の節目にも容易に着目することができる。これまでは「はじめ・中・おわり」と３つのまとまりに分けていたが，さらに「中」を２つに分けて「承」を事件が起きる，「転」を事件が動くと意味づけする。こうした４つのまとまりに分けることにより，「起」と「結」の変化が，何によってどうもたらされたのかが鮮明になり，子どもの思考を整理することができる。

ポイント❷　２つの展開の比較

　「承」と「転」の議論をするにあたって，『桃太郎』の中で桃太郎を中心人物として見た「ももたろう型」と，鬼を中心人物として見た「おに型」という展開を子どもの中に浸透させ，議論のためのベースとして設定する。ももたろう型は，物語序盤に困難が訪れるため，ハッピーエンドに向かっていくことが多い。逆におに型は，物語終盤に困難が立ちはだかるためバッドエンドに向かっていくことが多い。子どもたちが，冒険物語を書くにあたって，どちらを採用するとよりハラハラドキドキ感が増すかを考えられるように授業を展開し，自らの選択によって物語を作るという主体性を引き出す。

4 単元計画（全7時間）

次	時	学習活動	教師の役割
一	1	○昔話『桃太郎』をもとに物語の仕組について話し合う。	○子どもたちが知っている，かつ起承転結がわかりやすい作品を使用する。
	2	○起承転結の「承」と「転」の違いについて話し合い，冒険物語における最適な形を決定する。（本時）	○物語の進め方が中心人物によって変化することを表にまとめ，冒険物語について話し合う。
二	3	○物語メモを作成する。	○起承転結ごとにまとめられるワークシートを準備し，ワクワクドキドキ度をグラフ化する。
	4	○メモをもとに下書きをする。	○物語の流れにあった接続語や言葉の選び方を話し合いながら書き進められるようにする。
	5	○物語の清書をする。	○下書きを「起」から「結」まで一読させ，物語の筋が通っているかを確認する。
三	6	○出来上がった作品をもとに「承」と「転」のおもしろさについて話し合う。	○子どもたちが意味づけした承と転に照らし合わせながら物語のおもしろさ，改善点について話し合う。
	7	○友達からのコメントを受けて，作品を修正し，完成する。	○作品交流から得たアドバイスをもとに作品を修正し，これまでをふり返る。

5 単元導入時の状態

　児童は,『三年とうげ』の学習を通して, 言葉のとらえさせ方によって物語のおもしろさを引き出すことができることを実感している。しかし, 物語を書くにあたって, おもしろさを引き出すことのできる言葉は, タイミングを選んで使わなければならないということを漠然とした感覚の中でしか掴んでいない。そこで, 物語を分析し, そのタイミングが「承」と「転」の盛り上がりで使われていることに気づき, ハラハラドキドキの気持ちが引き出されながら物語が展開していくよさに目を開かせることが必要になってくる。

6 子どもの論理で創る授業の実際（本時・第一次２／２）

❶授業のねらい

　２つの物語の「承」と「転」を比べ, 冒険物語におけるもっともよい形を話し合うことを通して, ハラハラドキドキ感を生み出す展開の仕方に気づくことができる。

❷授業の展開

〈学習活動①〉「承」と「転」について整理し, 違いを明らかにする

　前時に起承転結の展開を見るために使用した『桃太郎』を引き続き使用し, ももたろう型（中心人物が桃太郎）とおに型（中心人物が鬼）に分けて物語を整理する。そこで比較を促すと, 次のことに気づく。

・ももたろう型の「承」では村を鬼に襲われ宝を奪われてしまうが, 「転」では鬼を無事に退治し宝を村に持ち帰る, ハッピーエンドに向かう。

・一方, おに型の「承」では, 村を好き勝手に襲い, 楽しい思いをするが, 「転」で鬼退治に来た桃太郎とそのお供の動物たちに成敗されてしまいバッドエンドに向かう。

> ポイント　「承」は,「中心人物にとって事件が起きること」であり,「転」は, 「中心人物にとって事件が動くこと」と共通点を見つけることができるが, 中心人物の置き方によって「承」や「転」の在り方が大きく変わってくることに子どもたちはおもしろさを感じてくる。

ももたろう型とおに型，どちらの方がよりハラハラドキドキしますか？

　ハラハラドキドキ感をより引き出すため「自分が中心人物だったら」といった視点をもたせつつ，発問をする。子どもたちは，中心人物としての自分と書き手としての自分を重ねながら考えることになる。そして，話し合いは，ハプニングが「承」で起きるのか，「転」で起きるのか，どちらがおもしろいかへと焦点化する。

　ポイント　「承」の段階で中心人物にとっての大きな壁を作ることで，「結」に入った段階で読者に達成感や充実感を与えることができるということに気づかせたい。この見方・考え方が次の物語メモを作成する学習での重要なポイントになってくる。

❸板書例

（めあて）
『ももたろう』の承と転に目を向けて、ぼうけん物語が面白くなる工夫について考えよう。

	ももたろう型	おに型	まとめ
承	村におにがやって来て、村の人たちから宝をうばう。 △なんてこった	村に行き、村の人たちから宝をうばう。 ◎やったぁ	承は、中心人物にとって事件が起きるということ。
転	おにヶ島に行き、おともの動物たちといっしょにおにをたいじし、宝を取りもどす。 ◎やったぁ	おにヶ島にも行き、しばらくすると、ももたろうたちがやってきてやっつけられる。 △なんてこった	転は、中心人物にとって事件が動くということ。

（まとめ）
〇「承」や「転」は、ハラハラドキドキをつくる。
〇ぼうけん物語は、ももたろう型の方がハラハラドキドキする。

7 作品例

題名：『たからものゲット！』

【起】いざ，出ぱつ！

　夏休みのある日，ひかりという男の子とあかりという女の子が海に行きました。海につくとたからの地図が入ったビンが落ちていました。開けてみると島の動物たちやたからの絵が書いてあったのです。2人はその島に行くことを決めました。どうやって行こうかと考えていると，遠くの海からクジラがやってきました。そのクジラはとてもやさしく，人間の言葉を話すことができました。クジラは，

「島までつれて行ってあげるよ。」

と言いました。2人はクジラのせ中にのっていよいよ島にむかいはじめました。

【承】ピラニアのきょうふ

　島に着き，少しびくびくして歩いていくと大きな池がありました。暗い池の中には大きなピラニアが住んでいます。ひかりとあかりは，

「どうしよう。」

と思っていると，ピラニアがとつぜんおそってきました。

「ピラニアに食べられちゃう。」

【転】すくいのけん

　ひかりとあかりがピンチをむかえていると，島のまわりの海からけんが流れてきました。ひかりが流れてきているけんを見つけ，ひっしにひろいます。そして，手にとったけんをすぐにピラニアにむけて，けんを大きくふりました。

「スパっ。」

　ピラニアをやっつけることができたのです。

【結】たからものゲット！

　ひかりとあかりはたからものを手に入れて，ぶじに島から家に帰ることができました。でも，たからものの地図のことは，島の動物たちがまたきずつくかもしれないと思ったので，だれにも話しませんでした。

〈N・S児〉

（柴田　明日香）

3 物語文（高学年）の学習指導
二段階で物語の構成を考えよう（第6学年）

教材 「物語を作ろう」（東京書籍・6年）

1 育てたい見方・考え方

○物語を構成する視点として「欠如−難題−解決−補充」を理解することが
　できる。

○「欠如−難題−解決−補充」と「起承転結」という2つの視点を用いて，
　筋道の通った文章を構成することができる。

2 子どもから見た「物語文」（高学年）

　物語の創作—それは，「書くこと」の学習指導の中で，最も子どもが前向
きになる活動ではないだろうか。普段，書くことに苦手意識をもっている子
どもであっても，物語の創作には喜んで取り組む。それはこの活動が，何に
も制限されず，想像力の赴くままに，自由に物語の世界を描き出すことがで
きるからである。しかし，完成した作品に目を向けてみると，冗長で，内容
があるとは言い難いものや，話の筋が通っていないものなどが多い。もちろ
ん過程を楽しむことも重要ではあるが，楽しさが作品に反映していくような
活動にしていくためには，何を心掛ければよいのだろうか。

3 授業化のポイント

ポイント❶ 「欠如−難題−解決−補充」と「起承転結」の二段階で構成を行う

　「書くこと」の指導は，実際に書き始めるまでが勝負である。物語を創作
する活動においては，構成こそが核となる。物語といえば「起承転結」の構
成が主流だが，実際には「起承転結」という視点を示すだけでは難しさを感

じる子どももいる。もちろん，起－設定，承－展開（事件），転－解決（クライマックス），結－終末，といったことは子ども自身も知っているのに，である。そこで構成の第一段階として，「欠如－難題－解決－補充」という視点で物語の大枠となる設定を考える。これは，山本茂喜氏が提唱している考え方である[*1]。物語は何かが「欠如」した人物が「難題－解決」を通して，満たされていく（補充）という基本的構造をもつ。構想がある程度まとまった上で，第二段階として「起承転結」を用いた物語の構成を行っていく。

ポイント❷　構成の視覚化―ストーリーマップ，起承転結図の活用―

構成を視覚化することの有効性は２つある。第一に，思考の整理ができる点である。イメージは視覚化することで，鮮明な部分と曖昧な部分が明確になり，考えを深めるきっかけとなる。第二は，交流を円滑にし，適切なアドバイスを可能にする点である。右に示したものが実際のWS である。図１「ストーリーマップ」は，左側が人物相関図，右側が「欠如－難題－解決－補充」という視点になっており，主に設定（物語の大枠作り）向きである。箇条書きでアイデアを書いていくことで，物語の大筋ができる。図２の「起承転結フィッシュ図」は，一目で物語

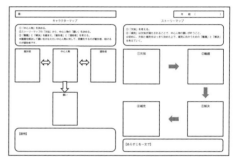

図１：ストーリーマップ

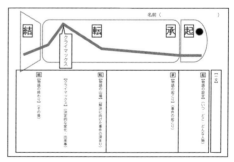

図２：起承転結フィッシュ図

全体の流れがわかるため，第一段階での構想を柱として，より具体的に物語の構成をすることが可能となる。こうして，①図１の構成→②共有・修正→③図２の構成→④共有・修正という二段階の構成過程を踏まえることで，描きたい物語の世界を明確にして，記述段階に入っていくことができる。

4 単元計画（全9時間）

次	時	学習活動	教師の役割
一	1	○グループでウェビングマップを使って，4枚の写真から物語の想像を広げ，全体でアイデアを共有する。	○豊かに想像を広げられるように，設定についての視点を示すなど，思考を刺激する。
二	2	○既習教材等を想起し，物語の構成について「欠如－難題－解決－補充」という視点でふり返る。共通の題材で構成を考える。（本時）	○「欠如－難題－解決－補充」の有用性を実感させるために，既習教材をモデル図（ストーリーマップ）で示して視覚化する。
	3	○前時に考えた構成で短作文を書き，付箋を用いて交流する。	○構成や表現で優れているものを取り出し，紹介する。
	4	○前時で交流した短作文の中で，表現に視点を当てて交流する。	○描写の工夫や三人称について指導する。
	5	○自分の選んだ写真について「欠如－難題－解決－補充」の視点で構成を考え，共有する（第一段階の構成）。	○付箋を用いたり，アドバイスの視点を示したりするなど，共有の場を工夫する。
	6	○前時の交流を基に，「起承転結」の視点で構成を考え，共有する（第二段階の構成）。	○付箋を用いたり，アドバイスの視点を示したりするなど，共有の場を工夫する。
	7・8	○これまでの構成を基に，物語を書く（記述）。	○実態に合わせて原稿用紙やWSを用意し，書き出しや会話文などの工夫を全体共有する。
三	9	○創作した物語を読み合い，感想や良いところを伝え合う。	○付箋やWSなど，交流しやすいように準備をする。

5 単元導入時の状態

物語創作単元はこれまでにも経験しており，「起承転結」の構成意識を強くもっている。「今回はどんな物語を書くの？」と，意欲が強く感じられる。

6 「子どもの論理」で創る授業の実際（本時・第二次1／7）

❶授業のねらい

既習の物語教材を分析することを通して，「欠如－難題－解決－補充」という視点から物語をとらえ，自分の構成に生かすことができるようにする。

❷授業の展開

〈学習活動①〉既習の物語の構成を想起し，「欠如－補充」とつなげる

物語の構成には，起承転結やクライマックス，山場などがあったことを確認し，本時の視点である「欠如－難題－解決－補充」とつなげていく。

T 起承転結を別の視点から見たものが，「欠如－難題－解決－補充」です。

起は「欠如」に対応しますが，欠如ってどういうことかわかる？

C 足りないもの。欠けているもの。（複数のつぶやき）

T 最近読んだ「海のいのち」で考えると，中心人物は太一でしたね。

太一の「欠如」って何？　また，そこから生まれる太一の願いは？

C 欠如は，おとう。だから願いは，おとうと一緒に海に出ること。

C 欠如は，漁師になるための修行。願いは，おとうのような一人前の漁師。

C おとうが死ぬ原因になったクエを，かたきとして討つことが願い。

T 満ち足りた人物では物語が進まないので，最初の中心人物には必ず「欠如」があり，最後は「補充」となります。最後に太一はどうなった？

C 村一番の漁師になった。村一番であり続けた。（複数のつぶやき）

C 結婚して家族ができ，母も満ち足りた美しいおばあさんになった。

T やはり，「補充」されていますね。海のいのちの「難題－解決」は何？

C 難題は，瀬の主を殺すかどうかで，解決は，おとうと思い，殺さない。

C 解決は，与吉じいさのおしえ（千匹に一匹）を守り，海のいのちを守る。

この後，他の物語でも「欠如－難題－解決－補充」の視点で確認した。

〈学習活動②〉「欠如－難題－解決－補充」の視点で物語の構成を考える

> 「欠如－難題－解決－補充」という視点を生かして，物語の構成を考え
> ましょう

T　今回は，体育の「走り高跳び」で，短作文を書くための構成を考えましょう。まず，欠如と補充から考えてみよう。

C　欠如が「自信がない・恐怖心」で，補充は，「目標をこえて自信をもつ」。

C　欠如が「跳べないと思って，跳ぶ前から諦める」で，補充は「高くても
チャレンジできるようになる」。

T　難題－解決を考えた人は？

C　難題は，跳べていたはずの高さが跳べなくなり，不安になる。

C　難題は，身長から計算してみると，予想以上に目標値が高すぎる。

C　ああ～。確かに！（複数の共感）

　実際に「欠如－難題－解決－補充」の視点で構成を考えることで，理解の深化を促す。共通の題材を設定し，短作文とすることで負担を減らす意図がある。本時では構成後に共有を行い，次時の記述に向かう。

❸本時で児童が作成したストーリーマップの一例

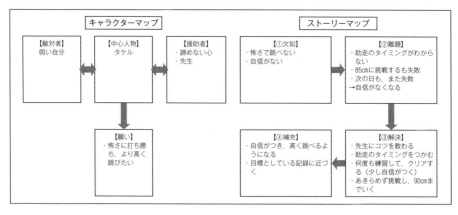

7 作品例

「あの木の近くで」　　児童A

いつも通り、仲良く話しながら登校した、さとるとゆうじ。

「キーンコーンカーンコーン。」

チャイムが鳴って休憩時間。二人は、今話題の映画について話し始める。

「ねえねえ、さとる。あの映画、面白いよね。」

「あの映画、つまらない。」

さとるの言葉が、ゆうじの気に障り、二人の友情にぽっかりと穴が開いてしまった。

「もう、さとるとは遊ばない。」

さとるは、何が起こったのか分からなくなった。そのまま時間が過ぎた。

「キーンコーンカーンコーン。」

授業が終わって下校の時、ゆうじは友達に、

「今日も、あの木の近くで遊ぼう。」と言い、遊ぶ約束をした。

だが、さとるにだけは、その言葉をかけなかった。

さとるは、泣きそうになりながら、走って家に帰った。すぐにランドセルをおろし、布団に隠れて泣いた。

大きな木の近くには、ゆうじが誘った友達が集まっていた。ゆうじは、

「よし、今日は何する?」

と尋ねた。みんなは

「かくれんぼがいい。」

と言ったので、かくれんぼをすることにした。

ゆうじは、順調に見つけていく。ふと思った。

「あの木の裏はさとるが…。」

ゆうじが木の裏を見に行くと、さとるはいない。

(中略)

ゆうじは、やっぱりさとるがいないとつまらないと思った。みんなに、

「ちょっと一回帰るね。」

と言い、向かったのはさとるの家だった。

「ピンポーン。」

さとるが出てきた。

「ごめんね。やっぱり、さとるがいないとつまらないんだ。」

さとるは、涙を拭いてこう言った。

「いいよ。こっちこそ、あんなこと言って、ごめん。」

二人は強く握手をした。

「じゃあ、今からあの木の近くに遊びに行こう。」

「うん。」

二人はあの木の近くに向かって走り出した。

「みんなー。」

さとるとゆうじが来た。みんなで大きな木を囲んで遊んだ。いつの間にか、夕方になっていた。

「じゃあ、また遊ぼう。」

「この木の近くでね。」

「うん。」

「この木の近くで。」

「イワシの幸せ」　　児童B

ここは海。イワシは家族と一緒に泳いでいた。

「プオー。」

人間の船がやってきた。

そして、イワシの家族をとっていった。

イワシだけ生き残った。

心の中に、ぽっかりと穴が開いた。

大きな大きな穴ができた。

だんだん人間が、にくくなってくる。

「いつか、人間を食べてやる。」

イワシはそう決心した。

イワシは泳いだ。

来たこともない所に来た。

ヒトデに出会った。

人間を食べる話をする。

ヒトデは、

「君はイワシだろ、イワシが人間を食べられると思うか。」

イワシは、あきらめかけた。

カニに出会った。

人間を食べる話をした。

カニは、

「そんなこと、できないよ。」

イワシは、あきらめない。

サメに出会った。

そのサメは、心優しいサメだった。

人間を食べる話をする。

「家族が亡くなったとね。」

イワシは、もう一度頑張ろうと思った。

人間を食べるために、大きくならないと。

イワシは、小魚を食べて大きくなった。

イワシではないくらい、大きくなった。

サメよりも、大きくなった。

「人間を食べに行く。」

ついにこの時が。

家族を失ったうらみを、ぶつける時が来た。

人間が泳いでいる。

襲いかかろうとした、その時、

サメがやってきた。あの時の心優しいサメだ。

「本当にそれが、『君の幸せ』なのか?

人間を食べて、家族が戻ってくるのか?」

「……。」

イワシは結局、人間を食べなかった。

心優しいサメに言われたことを忘れないで、

イワシは深い海の底で暮らしている。

幸せを探して…。

（小泉　芳男）

〈参考文献〉

＊1　山本茂喜編著（2014）『魔法の「ストーリーマップ」で国語の授業づくり』東洋館出版社

4 短歌・俳句の学習指導

自分の思いを俳句(短歌)に表そう―表現を工夫して―(第5・6学年)

教材 「日常を十七音で」(光村図書・5年)
　　　「たのしみは」(光村図書・6年)

1 育てたい見方・考え方

○音数などの特徴を踏まえて，俳句(短歌)を作ることができる。
○自分の思いが伝わるように表現を工夫することができる。

2 子どもから見た「短歌・俳句」

　俳句は，日常生活のさまざまな場面で目にすることが多く，子どもたちが身近に感じられるものであろう。また，五・七・五の十七音や季語が入ることを知っている子どももいると思われる。ただし，それらが心地よいリズムを生み出したり季節感を醸し出したりすることを理解した上で，俳句作りに臨むようにしたい。

　一方，短歌は，俳句に比べて日常生活の中で触れる機会は少ないと思われる。古典的な短歌は言葉の意味がつかめず作者の思い(ある時の気持ちや物の見方など)がとらえにくくなることも考えられるので，文脈から言葉の意味を推測したり，鑑賞文を用いたりすることが必要となる。また，現代的な短歌を紹介することも短歌に親しみをもつことにつながるだろう。

　さらに，短歌・俳句とも「音数」と「文字数」を混同してしまうことが予想される。どちらも「音数」であることをおさえておきたい。

　実際に俳句や短歌を作るとなると，音数に当てはめることに意識が向きがちである。そこから一歩踏み込んで，自分の思いが伝わるようにするためにはどのように表現を工夫すればよいかを考えることを大切にしながら創作活動を行いたい。

3　授業化のポイント

ポイント❶　俳句（短歌）作りへの意欲を喚起すること

　「自分も俳句（短歌）を作ってみたい」という思いをもつことで，主体的な創作活動が始まる。そのために，俳句（短歌）のよさ（リズムの心地よさ・限られた音数で自分の思いを伝えられること・長い間受け継がれてきたことなど）を理解することや，古典的な作品に加え，同年代の子どもの作品や現代的な作品に触れることなどが有効である。

ポイント❷　伝えたい自分の思いを見つけること

　伝えたい自分の思い（ある時の自分の気持ちや自分なりの物の見方など）が俳句（短歌）作りの出発点であるが，そうした思いを見つけることに難しさを感じることもあると予想される。その場合には，見つけ方について話し合ったり俳句ができた友達に聞いたりするといったように子どもが主体的・対話的に解決していく姿勢を大切にしたい。例えば，自分が気に入った季語や日常の事物などを１つ決めてそこから自分の思いを膨らませる，「宿題」といったテーマを１つ決めて考える，これまでの行事やイベントをふり返ることなどが考えられるだろう。

ポイント❸　自分の思いが伝わるように表現を工夫すること

　俳句（短歌）作りで大切なのが，自分の思いが伝わるように表現を工夫することである。最初は，音数に当てはめることに意識が向きがちであるが，その後でしっかり推敲するようにしたい。

　ここでも，子どもが推敲への必要性を感じていない段階で，教師が推敲を勧めてしまうと，子どもの思考の文脈からそれてしまう。そこで，俳句（短歌）を作る中で生まれた「うまく伝わらない気がする」「もっと作品をよりよくしたいけどどうしたらいいかわからない」などの困り感を全体で交流する。すると，「より伝わるようにするためにはどのように工夫すればよいのだろう」という問いが全体に共有される。そして，他の作品から表現の工夫を学んだり，表現の工夫について話し合ったりする主体的・対話的な学びが子どもの側から展開されていく。

4 単元計画 (全3時間)

次	時	学習活動	教師の役割
一	1	○俳句（短歌）の特徴について知り，俳句（短歌）を作る。	○同年代の作品を提示し，「自分も作ってみたい」という意欲を高める。 ○五・七・五音や季語の必要性を問い，別の音数や季語のないものと比較することで，それらの効果について考えることができるようにする。
二	2	○さまざまな作品から表現の工夫を見つける。（本時）	○俳句（短歌）作りでの困り感を共有し，「よりよい俳句を作るにはどんな工夫をするとよいか」という問いをもつことができるようにする。 ○作品を提示し，表現の工夫を見つけることができるようにする。また，見つけた工夫がどのような効果を生み出しているのかも考えるよう促す。
三	3	○伝わりやすさなどを意識しながら，作った俳句（短歌）を推敲したり，新しく俳句（短歌）を作ったりする。	○俳句（短歌）を推敲した感想を交流することで，推敲するよさについて共有できるようにする。

5 単元導入時の状態

　俳句の作品には日常生活の中で触れている。また，詩を創作する学習も行ってきている。

6 「子どもの論理」で創る授業の実際（本時・第二次1／1）

❶授業のねらい

　さまざまな作品を読み，自分が生かすことのできる表現の工夫を見つけることができる。

❷授業の展開

〈学習活動①〉俳句を作った感想を交流する

> 俳句を作ってみてどうでしたか？

　よりよくしたいという感想に焦点を当てて交流し，課題を共有する。

C　いくつか作ることはできました。

C　作ってみたけどうまく伝わるかどうかよくわからないです。

C　この言葉でよいかどうかわかりません。

T　どのようにしたらよりよくできますか？

C　いろいろな俳句を見て，参考にしたいです。

　ポイント　俳句作りでの困り感を交流し，「俳句をよりよくするにはどんな工夫をするとよいか」という問いを共有できるようにする。

〈学習活動②〉さまざまな作品から表現の工夫を見つける

> どのような表現の工夫がありますか？

　さまざまな俳句を載せたプリントを配付し，どのような表現の工夫があるかについて話し合う。

　ポイント　プリントの俳句と自分の俳句とを比べることで工夫が見えやすくなることを助言する。

〈学習活動③〉見つけた表現の工夫を交流する

どのような表現の工夫を見つけましたか？

〈気持ちを入れない〉

C　自分たちの俳句には気持ちが入っているものが多いけど，気持ちが入っ
　　ていないです。

T　気持ちが入っていなくても気持ちはわかりますか？

C　やっていること（行動）から気持ちが伝わってきます。

〈順番〉

C　主語・述語・修飾語の順になっているものがありました。

T　主語・修飾語・述語の順とどう違いますか？

C　修飾語がよく伝わってきます。

〈たとえ〉

C　花とかの表現が面白かったです。

T　どのように？

C　生き物のようにしていました。

　　ポイント　表現の工夫だけでなく，その効果まで取り上げるようにする。

❸板書例

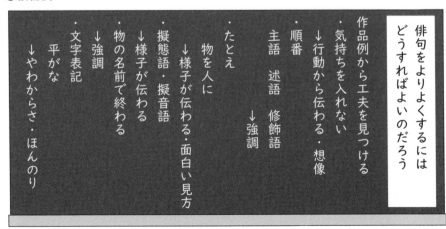

112

7 作品例

見上げれば　一つ一つと　星たちが　すがたをあらわす　夕焼けの空

（「夕焼けの空」をしっかり印象付けるために体言止めにしている。）

朝顔が　朝になったら　おはようと　にっこり言っている　そして私も

（朝顔の花が開いている様子についての自分なりの見方を、擬人法を使って表現している。）

秋の風
深いこきゅうを
　　　　ゆっくりと

（「深い呼吸をする」という行動を述べることで、秋の風の心地よさを味わっていることが伝わってくる。）

教室を
オレンジにそめる
　　　夕焼けが

（夕焼けの様子を伝えるためにどんな色がよいかを考えたり、夕焼けを強調するために順番を工夫したりしている。）

（五十部　大暁）

113

5 詩の学習指導

「のはらむら」の住人になって詩を書こう（第4学年）

教材 「のはらうた」（光村図書・4年）

1 育てたい見方・考え方

○視点や表現をもとに詩の世界観をイメージすることができる。
○詩の表現技法とその効果を使って詩を書くことができる。

2 子どもから見た「詩」

　児童はこれまでに多くの詩と出会ってきた。教科書教材はもちろん，詩集や関連図書を用いて詩の音読や創作に取り組んでいる。

　詩には，リズムを楽しむもの，形を楽しむもの，じっくりと読み味わうものなどさまざまなおもしろさがある。そのおもしろさを引き出しているのは題材そのものであることが多いが，詩にはさまざまな表現技法が用いられている。多くの詩に出会わせることによって，作者のものの見方，考え方を豊かに読み取らせ，子どもたち自身のものの見方，考え方，感じ方を育てていきたい。そして，自力で詩の世界を味わい，詩の世界を自分なりに意味づけ，自分の世界を表現させたいと思う。それが，子どもの論理だと考える。

　本教材である工藤直子さんの「のはらうた」には，「のはらむら」に住むさまざまなキャラクターをもつ多くの住人が登場する。その住人が創る詩は，その人物らしさが溢れ出し多くの表現技法が用いられて独特な世界観を醸し出している。児童は，詩の世界を楽しみながら，自分も住人となって意欲的に表現すると考える。

　「詩のおもしろさ」を感じながら，音読を楽しみリズムやくり返しに気づき自分の表現に生かす指導を行う。

3 授業化のポイント

ポイント❶ 設定の楽しさを味わわせる

「のはらうた」からいくつかの詩を選び，作者（生き物）当てクイズや同じ作者の詩を比べ読みすることで，人物の性格や〜らしさを感じ取らせ「のはらうた」の世界を楽しませる。また，「のはらむら」の地図を見せたりさまざまな住人がいることをとらえさせたりして，自分の「のはらネーム」を考えさる。また人物関係図を作って人物像を創り上げさせることで，想像力を広げさせ書く活動につないでいく。

ポイント❷ 詩の技法とその効果をとらえさせる

指導したい技法とその主な効果を挙げる。

○くり返し…リズム感が出る。強調したい点が示される。話者や人物の気持ちが表わされる。

○比喩…強調。イメージが広がる。象徴性を表わす。

○対比…違いを強調。ものの見方の広がり。

○倒置法…強調。文章が単調になるのを破る。余韻をうむ。

○体言止め…強調。余韻をうむ。リズムを変化させる

○擬声語・擬態語…リズムをうむ。臨場感がある。実感がある。

○字下げ・字空け…他の行との違いが強調。内容やイメージの転換。

○ダッシュ…省略あるいは継続，時間の経過を示す。余韻をうむ。

これらの技法には視覚的な技法や意味的な技法，リズム的な技法などさまざまなレベルのものがあり，それらの効果がかかわり合って意味を成しているものが多い。その効果を意識して指導する。

ポイント❸ 自分の生活との関連指導を行う

児童は，多くの人とかかわりながら生活している。詩の創作において人物を設定する際には，想像を広げることはもちろんだが，自分の生活をふり返り身の回りの生活にかかわることを詩に表現させたい。自分を取り巻く人々や身の回りの事象に関心をもつきっかけにしたい。

4 単元計画（全9時間）

次	時	学習活動	教師の役割
一	1	○「のはらうた」クイズで，詩の内容と作者（〜らしさ）をとらえ，学習課題をもつ。	○「のはらうた」に関する詩集やかるた，カレンダーなどを提示し，詩の内容と作者との関係をとらえさせる。
	2	○「のはらむら」の地図や住人達を知り，いろいろな詩を読んで特徴を話し合う。	○多くの詩を読ませ，自分も「のはらむら」の住人になって詩を書こうという課題意識をもたせる。
	3	○「かまきりりゅうじ」の詩を重ね読みし，人物像をとらえる。	○自分の人物をどのような設定にするか考えさせる。
	4	○詩を読み技法とその効果を話し合い，技法を使って短い詩を書く。	○くり返しや声喩，体言止めなどが人物像と関連して，その人らしさを表現していることをとらえさせる。
二	5	○なり切る人物の設定（名前・年齢・住んでいるところ・性格・家族など）を考える。	○視点を考え，人物像が表れるように詩を書く。
	6	○「〜らしさ」を交流し，自分の考えた人物になり切って詩を書く。（本時）	○「〜らしさ」を具体的に話し合わせ，視点を考え，人物像が表れるように詩を書く。
	7	○〜らしさを出すためにどのような場面を詩にするか，どんな技法を使えば効果的か考え，書き直す。（本時）	○人物を表現するにはどんな技法が効果的かを考えさせる。
	8	○自分の考えた人物になり切って「以外な一面」を出したり人物像を明確にしたりするために，何編かの詩を書く。	○場面の変化や人物像を明確にするために詩を書き重ねさせる。
三	9	○友達の書いた詩を読み合い感想を交流する。	○どんな人物像をどんな工夫をして書いているかを視点に交流させる。

5　単元導入時の状態

　本単元では，視点を生き物に移し，その人物像を表現するために技法を使って詩を書く。これまで児童は，詩のきまりを使って，連を書き加えたり詩を創作したりしてきた。自由に詩を作る活動は多くの経験はないため，書くことに抵抗がある児童もいる。自分の生活を想起させ，視点を変えてその人物になり切って楽しく表現させ，詩のおもしろさを感じさせたい。そして，友達の作った詩を読み合うことでさまざまなものの見方に触れさせたい。

6　「子どもの論理」で創る授業の実際（本時・第二次2・3／4）

❶授業のねらい

　「～らしさ」集めをしたりその生き物の特徴を話し合ったりして，その「～らしさ」を表すにはどんな技法が効果的かを考え，詩を書くことができる。

❷授業の展開

〈学習活動①〉自分がなり切る「のはらネーム」を交流し，その生き物の特徴を話し合う

> みんなが選んだ生き物はどんな特徴がある？

　前時に考えた自分の「のはらネーム」を交流し，どんな生き物が選ばれているか確認する。児童は，友達の「のはらネーム」からさまざまな想像を広げどんな詩ができるのか関心が高まる。しかし，児童にとって「～らしさ」という視点で生き物を見ることはそんなに簡単なことではない。そこで，どんな特徴があるかを話し合い，どんな場面を詩に表すか考えて詩を書く。

　ポイント　児童が選んだ生き物はさまざまだと考える。その中から，いくつかを取り上げて，みんなでその特徴を考えさせ，グループ活動で自分が選んだ生き物の特徴を出し合わせる。イメージマップを活用しても良い。その上で，自由に詩を書かせる。

〈学習活動②〉どんな技法を使えば効果的かを考える

どんな技法を使う？

　前時に書いた詩を読み合い，感想を交流させる。「〜らしいな」と思った表現や技法が使われているものを取り上げ，効果を再確認する。ペアやグループでどんな技法を使うことができるか，どんな表現をしたら「〜らしさ」がより表れるか話し合う。

　ポイント　児童が使いやすく効果的な比喩・声喩・くり返しを中心に「どんな音が聞こえる？」「例えると〜みたい？」等を考えさせる。

〈学習活動③〉学習したことを生かして詩を書く

自分がなり切る生き物の人物像が表れるように詩を書こう。

　これまでの学習を生かして詩を書く。自分が設定した人物像が表れるようにいくつか場面や他の人物との関係を考えて何編かの詩を書く。

　ポイント　児童一人一人の設定を大切にしながら，視点を意識させ敬体や常体，体言止めなど自由に表現を選んで詩を書く楽しさを味わわせたい。出来上がったその中から表現豊かな詩をどんどん紹介する。

❸板書例

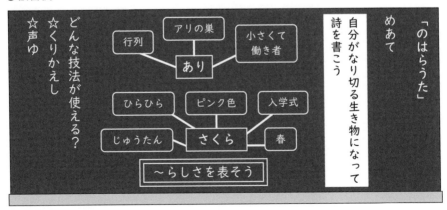

7　作品例

たのんだぜ　　　　いのしし　たけし

どぉどぉどぉどぉどぉ
つっぱしったこのいちねん
いそがしかったな

どぉどぉどぉどぉどぉ
はしりだすととまれないこのせいかく
ゆっくりするひまもなかったな

どぉどぉどぉどぉどぉ
いろんなとこに　ひっぱりだこで
あっちへはしり　こっちへはしり

もうだめだ

ねずみちゅうたくん
たのむぜ
おれもたまには　ゆっくりしたい
できるかな

わたしのこと　おしえるね

こねこ　こはる

だれかのおひざがこいしいわ

ぽかぽかなひのおひるね
おでこをなでなでしてもらうこと
きのむくままにおさんぽすること
わたしのすきなこと

さむいひのおひるね
おひげをひっぱられること
ねむいのにおこされること
わたしのきらいなこと

すてきなよるに

もみのき　せいこ

みんながまってる　ねんにいちどのひ
しんしんしんしん　しんしんしんしん
わたしのあしもとが　きょうはにぎやか
みんなのえがおがかがやいて…

（大澤　八千枝）

119

6 随筆の学習指導

感じたことや考えたことを（第6学年）

教材 「ずい筆を書こう」（東京書籍・6年）

1 育てたい見方・考え方

○これまでの体験をふり返って題材を決め，体験した出来事を深く思い出したり現在の考えをまとめたりして書く事柄を収集し，全体を見通して整理することができる。

○随筆という文種を理解し，事実と感想，意見などを区別するとともに，目的や意図に応じて簡単に書いたり詳しく書いたりすることができる。

2 子どもから見た「随筆」

随筆は，身近に起こったこと，見聞きしたこと，経験したことなどを他の人にもわかるように描写した上で，感想や考え，自分にとっての意味などをまとめたものである。

随筆を書くためには，考えるきっかけになった出来事や経験などを描写する文学的な文章表現力や自分の考えを記述したり説明したりする説明的な文章表現力が必要となってくる。随筆を書くことを通して，出来事や経験をきっかけに，自分自身がもっているものの見方や考え方，生き方などを見つめ直したり，深めたりすることができる。

そこで，まず自分が実際に体験したことや見聞きしたことを題材として取り上げる。多くの題材の中から忘れられないような印象深いことを取り上げて書くようにする。

次に，作品例をもとに随筆のよさや特徴をつかむ。これまでに学習してきた感想文や意見文と比べることを通して，その違いをとらえさせていく。ま

た，随筆のよさや特徴をもとに，自分が書いた文章を再度読み直し，推敲してまとめていく。

3　授業化のポイント

ポイント❶　個人差が大きいテーマ選び―マッピングによる題材集め―

　テーマが決まれば，書き進められるが，それまでに時間を要する児童がいる。テーマは決まったが選んだテーマの個人差が大きいことがある。題材集めは，単元の分かれ目となる授業と位置づけられる。

　自分の伝えたい考えがはじめにあって，その後に出来事を思い出すことは，子どもにとって難しく不自然な思考の流れである。自分にとって特別な出来事があって，その過程を思い出していくことで，考えがより深まるのが，子どもにとって自然な思考の流れである。本単元では，題材集めでマッピングの手法を用いる。他教科・領域でもウェビングや連想メモなどの言葉で用いられることが多い。マッピングの中心に入れるのが「忘れられない出来事や経験」である。題材集めの補助的な手掛かりとして「忘れられない言葉，人」や「心に残る色や音，におい，味，手ざわり」，「今でも大切にしているモノ」などである。出来事を出発点として，今の自分がどうとらえているかを考えていくようにする。

ポイント❷　随筆のよさや特徴をとらえる

　よさや特徴をとらえることは文種を明確にすることにつながる。これまでに学習した感想文や意見文と比較することで，随筆のよさや特徴をとらえさせていく。本単元では主に以下の点をとらえさせていく。

・構成は，主に出来事の描写と自分の考えで成り立っている

・自分の考えるきっかけになった出来事や経験が詳しく書かれている

・今の自分にとって出来事や経験がどんな意味をもっているかをまとめる

　とらえたよさや特徴を観点に自分の書いた文章を見直し，推敲していく。ここでは推敲を1人でなく，少人数のグループで行いアドバイスし合うことを通して，1つの作品を深めていく過程を経験させていく。

4 単元計画（全5時間）

次	時	学習活動	教師の役割
一	1	○これまでの体験をふり返り，印象に残っている出来事をマッピングに書き出す。	○題材集めでは手がかりとして「忘れられない言葉，人」など補助的な観点を示す。
	2	○忘れられないような印象深い出来事を通して，自分が感じたことや考えたことを文章にまとめて書く。	○出来事を今の自分がどうとらえているかを考えるように助言する。
二	3	○互いに文章を読み合い，随筆のよさや特徴をとらえる。（本時）	○これまでに学習した感想文や意見文と比べて，どんな違いがあるかについて考えることを通して，随筆のよさや特徴をとらえる。
	4	○随筆の特徴を観点に，自分の書いた文章を見直し，推敲する。	○観点をもとに，少人数グループで互いにアドバイスし合うことができるようにする。
三	5	○清書した随筆を読み合い，これからの学習に生かしたいことをふり返る。	○観点として，書き手の考えや感じ方がよくわかるところ，表現の工夫を中心に感想を交流することができるようにする。

5　単元導入時の状態

　随筆という文種を明確に意識して書くのは，本単元が初めてである。しかし，身近な体験や見聞きしたことを題材として自分の考えなどを書くことは，すでに低学年から学習を積み上げてきている。そこで，随筆を書くことが全く新しい言語活動に取り組むのではなく，これまでの学習を発展させたものとしてとらえさせていく。

6　「子どもの論理」で創る授業の実際（本時・第二次1／2）

❶授業のねらい

　友達の文章や作品例を読み，これまでに学習した感想文や意見文と比べることを通して，随筆のよさや特徴をとらえることができる。

❷授業の展開

〈学習活動①〉友達の文章や作品例を読み，随筆のよさについて話し合う

> 友達の文章や作品例のいいところはどこだろう？

　友達の文章や作品例を読み，「いいところ」について話し合う。いいところを問うことで，友達の文章や作品例に表れている随筆のよさに目を向けることができるようにする。

C　実際に体験した出来事が詳しく書かれている。

C　読み手に出来事の様子がわかるように書かれている。

C　体験したことについて，自分の考えが書かれている。

　ポイント　体験した出来事を通して自分が感じたことや考えたことをまとめたものが随筆であると文種を明確にし，本時では随筆について理解を深めるという学習の方向性をつくる。

〈学習活動②〉これまでに学習した感想文や意見文との違いを話し合う

> 感想文と比べてどんな違いがありますか？　意見文と比べると？

感想文や意見文との違いについて話し合うことを通して，随筆の特徴をとらえていくことができるようにする。

C　感想文は行事が終わったすぐ後にふり返った感想だけど，随筆はある程度時間が経ってから今の自分がふり返って考えを書いている。

C　その経験が自分にとってどんな意味があったかをふり返って書いている。

C　随筆は実際に自分が体験した出来事を中心に書いている。意見文は実際に自分が体験していなくても新聞やニュースなどで知った事実について自分の意見を書くものだから違う。

T　構成という点ではどうですか？

C　随筆は自分の体験した出来事を書いた後に自分の考えを書いている。

　ポイント　これまでに学習した感想文や意見文との比較から違いを明らかにしていき，板書で整理する。

〈学習活動③〉随筆の特徴についてまとめる

随筆にはどんな特徴がありますか？

　ポイント　「随」を漢字辞典で調べ「なりゆきにまかせる」という意味から自由度の高い文種であることにも触れる。

❸板書例

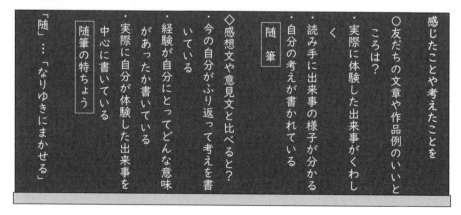

124

7 作品例

> 去年の夏，祖母の家で飼っていた僕より先輩のパピヨンが亡くなった。11歳になろうとしていた。
>
> 祖母の家に行けば，いつも聞こえてくる鳴き声が突然消え，後輩パピヨンの鳴き声がとても大きく聞こえるようになった。つい十分前まで目の前でエサを食べ，僕に吠えかかっていた犬の死からくるおどろきは，悲しみよりも大きく感じられた。犬でも立派な家族の一員だ。
>
> 一年がたった今だから言える。それまで空気のようなものだった存在の死は，自分を一歩前へ，強くしてくれるものなのだ。

> 先日，友だちと駅のホームで電車を待っていると，白杖を持っている方がゆっくりと私たちの方に近づいてきて，
> 「○○行きはこのホームであっていますか」
> と話しかけてきました。（略）その方は卒業生で，しばらく話をしていると，スマートフォンの使い方の話題になり，視覚に障害がある立場の方から話をうかがうことができました。
>
> 最近は点字ブロックに立ってスマートフォンを使う人が多くなったということでした。そして，視覚に障害がある方はぶつかると，それが壁だと認識してしまい，自分の居場所が分からなくなり，頭が混乱してしまうということでした。（略）
>
> だれにとって便利なのかを私たちはもう一度考える必要があると思います。多くの人々に自由を生み出している一方で，他の人にとって不自由を生み出してしまっている。（後略）

（白坂　洋一）

第4章

「子どもの論理」で創る
説明的作文の授業

1 観察・記録文の学習指導

かんさつして，気がついたことを書こう（第2学年）

教材 「かんさつしたことを書こう」（東京書籍・2年）

1 育てたい見方・考え方

○観点に沿って観察し，気づいたことやわかったことなど記録に必要な事柄を集めることができる。

○観察対象の様子や自分の気づきなどが相手に伝わるように，色や形，大きさ，数を表す言葉や比較する言葉などを用いて，つながりのある文章を書くことができる。

2 子どもから見た「観察・記録文」

　記録が残されているとき，以前にどんなことが起きたのかを知ることができる。そこでは客観的な表現が適している。「…が，○○である。」など読み手がわかる文の基本形を意識させることで，何を見て書いているのか，何がどうなっているのかなど観察の観点が明確になる。これらのことを継続的に書くことを通して経験することができるのが観察・記録文である。

　低学年の児童は，具体的な活動や体験を通して，学ぶことの楽しさや喜びを味わうことができる発達段階にある。観察・記録文は子どもたちの発達段階にもマッチングした言語活動だといえる。観察を通した気づきやわかったことの感動は児童の表現意欲につながるし，観察の観点や事実を記録する書き方は児童の表現方法につながる。継続した観察を通して，対象のとらえ方や詳しく書く力を育て，他者に伝える喜びや記録を蓄積する喜びを経験させることができる文種である。

　また観察・記録文は読むことによって，新たな知識や気づきを得ることが

できる。同じ対象についてまとめた観察・記録文を互いに読み合うことを通して，書き方に関する感想を述べることができるようにする。相互交流を新たな学びの場づくりとして活用していく。

　観察・記録文は生活科や理科など他教科・領域でも活用できる。本単元での学びを他の場でも生かすようにしたい。

3　授業化のポイント

ポイント❶　観点を集める―学級で見つけた観点づくり―

　観察の観点を教師の側から与えるのではなく，継続的に観察・記録することを通して，観点を集めていくようにする。導入時では，これまで自分が観察するときに，どんなところに気をつけていたかを発表することで観点を明らかにしていく。展開時，実際に観察・記録文を書くことを通して，観点を集めていくようにする。自分がどこに気をつけて観察していたか，観察の観点が明示化されるのが題名である。互いに観察・記録文を読み合うことを通して，学級で見つけた観点として集め，蓄積していく。そのことによって，観点が与えられたものではなく，自分たちで見つけたものとなる。また自分で観点を選びながら観察・記録を続けることができるといえる。

ポイント❷　色や形，大きさ，数を表す言葉や比較する言葉

　観察した対象を客観的に表現することが要求される文種である。「かわいい」などの主観的な表現ではなく，「緑色」「3枚」「5センチメートル」のように色や数，長さなどの観点を客観的な表現で明確に書き表すことができるようにする。

　また「手のひらくらいの大きさ」のように何かと比較したり，「ハートのような形」のように何かに喩えたりした言葉を用いることで，大きさや形などが読み手にわかりやすく伝わることを相互に読み合う場を通して，実感できるようにする。

　学習内容が定着するには，一定期間が必要となる。児童が観点のよさを実感し，表現のしかたが定着するまで，くり返し指導をすることが大切である。

4 単元計画（全11時間）

次	時	学習活動	教師の役割
一	1 2 3 4	○生活科で観察したことをふり返り、気づいたことを観察カードに書く。 ○観察カードを読み合い、どんなところに気をつけて観察していたか話し合い、観察の観点を明らかにする。（本時） ○書き続けた観察カードを読み比べ、続けて記録していくと変化の様子がよくわかることを理解する。 ○作文例を読み、観察・記録文を書くときに大切なことを整理する。	○観察の観点を明らかにしたり、継続的な記録が変化を気づかせたりすることをとらえさせるため、観察カードを読み合う場をつくる。 ○作文例から色や形、大きさや数など客観的な表現のよさに気づかせる。
二	5・6 7 8・9 10	○観察カードをもとに、観察・記録文を書く。 ○観察・記録文を友達と読み合い、よく観察できているところ、よく表現できているところを交流し推敲する。 ○観察カードをもとに、観察・記録文を書く。 ○観察・記録文を友達と読み合い、よく観察できているところ、よく表現できているところを交流する。	○生活科と合科的に進める。観察・記録文を書く目的のもと、観点を観察に生かすようにする。 ○観察・記録文を2度書くことを通して、色や形、大きさ、数を表す言葉や比較する言葉などの表現のしかたが定着するようにする。
三	11	○観察・記録で書くときに大切なことをまとめ、これからの学習に生かしたいことをふり返る。	○単元をふり返り、観察の観点や書き方の工夫を話し合い、まとめる。

5　単元導入時の状態

　これまでにアサガオや小動物を観察し，カードに記録する経験をしてきている。しかし，観察の観点を明らかにしたり，色や形，大きさ，数を表す言葉や比較する言葉を使って客観的な表現をしたりすることを意識して書くことは初めてである。

6　「子どもの論理」で創る授業の実際（本時・第一次2／4）

❶授業のねらい

　観察カードを読み合うことを通して，どんなところに気をつけて観察していたか話し合い，観察の観点を明らかにすることができる。

❷授業の展開

〈学習活動①〉観察カードを読み合い，いいところを話し合う

C　僕が書いたことと同じことを書いている。

C　私は葉っぱのことを書いたけれど，これは大きさのことが書いてあるな。

> 友達の観察カードのいいところはどこでしたか？

　友達の文章にあらわれている観察・記録のよさに目を向けることができるようにする。

C　ミニトマトのなえの大きさがわかりました。

C　葉の大きさや色のことが詳しく書いてある。

C　消しゴムと比べているから，大きさがわかりやすいと思った。

〈学習活動②〉観察の観点を明らかにする

> どんなところに気をつけて観察していけばよいでしょうか？

　これまでにどんなところに気をつけて観察していたかも含めて考えることを通して，観察の観点を明らかにしていく。

C　色や形や大きさかな。

C　何センチなど長さや葉っぱの数も観察していたね。

C　アサガオを育てていたときは，さわった感じやにおいも書いていたよ。

> ポイント　ここではこれまでの経験や観察カードに書かれている内容から観点を明らかにしていく。展開時は実際に観察・記録文を書くことを通して，観点を集めていくようにする。

〈学習活動③〉今後，使ってみたい観点について話し合うことを通して，学習の見通しをもつ

> これからの観察で使ってみたいのはどれですか？

C　これまでは形や色，大きさなど見た目だけで書いていたけれど，さわってみたり，においを嗅いでみたりして観察してみようかな。

C　自分の指の長さや手の大きさと比べて書くと，わかりやすいなと思いました。だから，次からやってみようと思います。

C　実際に定規で測って，はっきり書くのを次はしてみようと思いました。

> ポイント　ふり返りとして，これまでの観察の観点で足りなかったところに気づき，今後の学習に見通しをもつことができるようにする。また明らかになった観点は教室に掲示するなどして，活用できるようにする。

❸板書例

かんさつして気づいたことを書こう

◇友だちのかんさつカードのいいところは？
・なえの大きさがわかる
・はの大きさや色が書いてある
・けしゴムと比べている
　↓大きさがわかりやすい

○どんなところに気をつけてかんさつするか？
・色　　・かたち　・大きさ
・長さ　・かず　　・におい
・さわったかんじ

7 作品例

　そだてているミニトマトのみが大きくなっていました。色はみどり色
で，大きさはビー玉ぐらいの大きさになっていました。においをかいで
みると，もうトマトのにおいがしました。
　この前とくらべると，ミニトマトの赤ちゃんも4つなっていました。
とても小さくて，私の小ゆびのつめくらいの大きさでした。そして，よ
く見ると，先のほうには，かれた花がついているのに気がつきました。

　きょうしつでかっているザリガニをかんさつしました。
　体の大きさは10センチメートルくらいで，色は赤色をしています。ハ
サミやあたまにたくさんのトゲがあります。ザリガニをつかむとき，ト
ゲをさわるとチクチクとしていたかったです。
　にぼしをあげると，大きな2本のハサミをつかって，じょうずにたべ
ていました。

　キュウリのなえのかんさつをしました。
　まえよりもはっぱのかずがふえて，5まいになっていました。あとか
ら出てきた3まいのはっぱは，かたちがぎざぎざしていました。のこぎ
りのようなかたちをしていて，さわるとチクチクしました。

（白坂　洋一）

2 紹介文の学習指導

よいところを紹介しよう（第2学年）

教材 「名人をしょうかいしよう」（東京書籍・2年）

1 育てたい見方・考え方

○人物のよいところを見つけ，事柄の順序を考えて，紹介する文章を書くことができる。

○伝聞表現や句読点，かぎの使い方を理解し，正しく使うことができる。

2 子どもから見た「紹介文」

　実社会において，人物を紹介する場面は多い。この期の児童においても遊びや習い事等を通して，友達を紹介する場面はあるだろう。場面はさまざまであっても，相手のよいところに目を向け，紹介できることは，特に低学年期において大切な視点の1つである。

　ここでの活動は，他の人が知らないその人物のよいところを紹介する活動である。取材の際に，興味をもって人の話を聞くことが関係する。相手をより知るための質問を考え，聞き，次の質問へつなげていくことが求められる。ここでやりとりしたすべてを文章にするわけではない。どの点をどのように紹介するかを考えることが題材に必要な事柄を集める力へとつながる。また，内容が決まったところで，つながりのある文章を書くことへ意識を向ける必要がある。相手に話を聞いた順序ではなく，取材した材料から取捨選択し，紹介したい事柄の順序で構成を考えていくようにしていく。

　そこで，まず友達のよいところを見つけ紹介する「他者紹介」の活動を行う。自分ではなく，相手のよいところをまとめて紹介しなければならないため，相手を詳しく知るための対話の必要性が生じる。

次に，学校や町へと視野を広げ，自分の知っている名人を友達に紹介する活動を行う。生活科の学習とも関連させていく。取材した材料から取捨選択し，紹介したい事柄の順序で構成を考え，つながりのある文章を書くことへ意識を向けていくようにする。

3　授業化のポイント

ポイント❶　他者紹介から名人紹介へ―観点を活用する―

　本単元では，書く活動を段階的に２回取り入れている。紹介したい人物を教室の友達から町の名人へと，その対象を広げている。

　１回目の書く活動は，他者紹介である。紹介するのが友達であるから，相手をより知るための対話が必要となる。「できること」「がんばっていること」などよいところを紹介するための観点を明らかにするとともに，伝聞表現を使って書くことができるようにしていく。２回目の書く活動では，対象を町の人物へと広げる。対象は年上の名人紹介となる。１回目で明らかになった観点や表現を活用しながらも，もっと詳しく相手に尋ねる判断が必要になるとともに，同学年の友達に紹介するためには，どのような事柄の順序が良いのか，読み手を意識した紹介文を書く必要性が生まれる。

ポイント❷　他教科・領域との連携―生活科と関連させて―

　他教科・領域と連携することで，国語科で学習したことを生活科へ生かすことができる。「書くこと」の授業では「題材が見つからない（題材探しに追われる）」「共通した題材が得られないまま，ただ書くだけになってしまう」という課題がある。一方，他の教科・領域では「新聞づくりや紹介カードなどでまとめようとしても，なかなか書けず，教科の内容が定着しない」「国語で学習した書き方が生かされない」という課題がある。

　本単元では生活科と関連させることで，共通した題材で取り組める良さがあり，１回目で学習した書き方を生かすことができる。また，生活科の側からすると，町探検や地域の方との交流等の活動を通して学んだ内容について紹介文を書くことで，学びの定着を図ることができる。

4 単元計画（全11時間）

次	時	学習活動	教師の役割
一	1	○他者紹介について知り，友達の紹介したいことを付箋に書き出してメモに整理する。	○友達のよいところとして，「がんばっていること」や「得意なこと」など観点を明確にする。
	2	○もっと知りたいことを考え，友達や他の友達に質問し，メモに整理する。	○紹介文を書くときは，「～だそうです」「～と聞いた」など伝聞表現を使うことを教える。
	3・4	○友達のよいところが伝わるように紹介したい事柄の順序を考えて紹介文を書く。（本時）	○表現のよいところを観点に伝え合うことで，次の意欲づけとする。
	5	○紹介文を読み合い，表現のよさや工夫を伝え合う。	
二	6	○生活科の学習を想起し，町や地域の紹介したい名人を決める。	○生活科と合科的に行う。紹介文を書く目的のもと，インタビューでは，もっと詳しく相手に尋ねる判断が必要になることを意識させる。
	7	○紹介したいことを付箋に書き出してメモに整理し，もっと詳しく知りたいことを考える。	
	8	○インタビューしてわかったことをメモに整理する。	
	9	○名人のよいところが伝わるように事柄の順序を考えて紹介文を書く。	○紹介文を書く際，インタビュー時の話題の順序でなく，よいところが伝わるように，読み手を意識した事柄の順序で書くことを教える。
	10	○紹介文を読み合い，表現のよさや工夫を伝え合う。	

	11	○これからの学習に生かしたいこと をふり返る。	○単元をふり返り，どんな 場面で紹介文の書き方を 生かせそうか話し合い， まとめる。
三			

5　単元導入時の状態

　これまでは自分の体験を中心に，時間の順序を意識して文章に書いてきた。自分のことでなく対象が他者であること，読み手を意識して紹介したい事柄の順序で書くこと，伝聞表現を用いることは初めてである。

6　「子どもの論理」で創る授業の実際（本時・第一次3／5）

❶授業のねらい

　友達のよいところが伝わるように紹介したい事柄の順序を考えて紹介文を書くことができる。

❷授業の展開

〈学習活動①〉紹介したい事柄の順序を考える

> 友達のよいところを，どの順序で紹介したいですか？

C　僕はまず，○○さんの得意なこと，次に毎日がんばっていること，最後に○○さんが言ったことやしたことを紹介しようかな。

T　どうしてその順序にしたの？

C　○○さんが言ったことやしたことで，よいところがたくさんあったから，それを最後にしました。

C　私はまず，□□さんの好きなこと，次に得意なこと，最後にできるようになったことを紹介しようかな。

　ポイント　紹介の順序を考えることを通して，読み手を意識させる。また，他者
　　　　　　紹介のイメージを膨らませる。

〈学習活動②〉　どのように紹介するか，口頭作文をする

> どのように紹介しますか？

C　〇〇さんが得意なことは走ることです。朝早く起きて，毎日，走っています。晴れの日も雨の日もです。〇〇さんは朝教室に入るとき，いつも大きな声であいさつをします。

T　そんなに詳しく〇〇さんのことを詳しく知っているのはどうして？

C　〇〇さんにたずねたり，あいさつのことを△△さんから聞いたりしたからです。

T　自分でたずねてわかったことや，友達から聞いたことですね。

　ポイント　イメージが膨らんだところで口頭作文をする。人から伝え聞いたことは「～そうだ」など伝聞表現を用い，表現を使い分けることを教える。

〈学習活動③〉　伝聞表現を使って，書き分ける

> 聞いたことの部分を「～だそうです」と書きかえましょう。

　ポイント　紹介メモで伝え聞いたことは伝聞表現にし，書き分けることができるようにする。

❸板書例

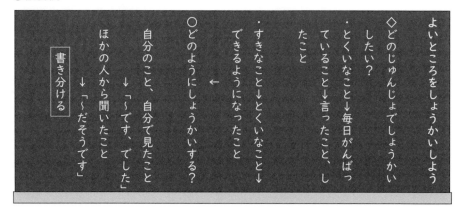

よいところをしょうかいしよう

◇どのじゅんじょでしょうかいしたい？
・とくいなこと→毎日がんばっていること→言ったこと，したこと
・すきなこと→とくいなこと→できるようになったこと

○どのようにしょうかいする？　←
自分のこと，自分で見たこと
　　　　↓「～です，でした」
ほかの人から聞いたこと
　　　　↓「～だそうです」

　書き分ける

7 作品例

　　〇〇さんのいいところをしょうかいします。

　　〇〇さんがとくいなことは，はしることだそうです。とくに，かけっこがとくいだそうです。

　　〇〇さんが，かけっこがとくいなのにはりゆうがありました。まい日，朝早くおきて，お兄さんといっしょにはしるれんしゅうをしているそうです。

　　また〇〇さんは，まい朝，教室に入るときに，いつも大きな声であいさつをしています。

　　〇〇さんは，がんばりやさんだと思います。

　　わたしは□□さんにインタビューをしました。その中からいいところを３つしょうかいします。

　　□□さんがすきなことは，どく書だそうです。本を読むのがすきで，時間があったら読んでいるそうです。そして，図書しつの本を100さつは，かりたそうです。

　　次に□□さんがとくいなことは，絵をかくことだそうです。とくに，どうぶつの絵やキャラクターの絵をかくのがとくいだそうです。

　　最後に□□さんが，できるようになったことは，さかあがりだそうです。さかあがりができなくて，おうちの人ととっくんをして，さいきんできるようになったそうです。

（白坂　洋一）

3 説明文の学習指導
気になる記号を紹介しよう（第3学年）

教材 「気になる記号」（光村図書・3年）

1 育てたい見方・考え方
○事例を分類・比較することができる。
○伝えたい内容を考え工夫して説明することができる。

2 子どもから見た「説明文」

　児童はこれまでの学習で，教科書の説明文の学習後に教材文の書き方をもとに説明的な文章を書く活動を行っている。さらに，3学年の説明文の学習では，「はじめ」「中」「おわり」の役割や事例の挙げ方や順序について学んできた。本単元では，その学習を活用したい。しかし，児童にとって「読むこと」と「書くこと」には，大きな壁がある。説明文を読む活動と書く活動をつなぐためには，丁寧な手立てが必要である。

　本単元の題材である記号は，児童にとって興味深く意欲的に取り組めるものである。記号を，観点に沿って仲間分けしたり表にまとめさせたりして「書くこと」への抵抗を取り除きたい。教科書の例文を用いながら，どのような内容を書けばいいのか考えさせたり1つの事例をみんなで考えさせたりして，ステップを踏んだ指導が必要である。さらに，「はじめ」「中」「おわり」のつながりを考えて，それぞれをどのように書けばいいかを具体的に考えさせる必要がある。

　児童が，記号を比較分類することで自分の論理を作り，どんな説明をすれば読み手にわかりやすい文章になるかを意識することは，自分の論理を創り上げる力につながると考える。

3　授業化のポイント

ポイント❶　説明文との関連指導

　これまでの説明文で学習した「説明文を読むときに大切なポイント」と関連させ，三部構成や段落のまとまり，「問いと答え」「事例の取り上げ方」「事例の順番」「具体的な事例とまとめとのつながり」を書く活動に転換させる。

　自分が紹介したい記号の中からどんな記号を選び，どのような順序で説明すればわかりやすい説明文になるか，読む人を引きつける説明文になるかを考えさせたい。

ポイント❷　事例の分類・比較

　関連図書や身近な生活場面の中からさまざまな記号を集めさせる。それをカードに書き紹介し合う活動を仕組む。その中で，記号にはよく似た形や色，その記号が用いられている場所や付いているもの，よく見るものや初めて見るものなどさまざまな観点で仲間分けできることを考えさせる。

　記号を比較分類することで，記号の共通点や相違点をとらえさせ，それが意味するものを考えさせる。例えば，「赤色の記号は危険なことを表し青色は安全に関することを表している」「記号に×が付いているものはしてはいけないことを表している」「矢印はリサイクルに関することだ」等である。この活動は学級実態に応じてグループ活動にしても効果的である。

　多くの記号の中から，どの記号を選びどんな順で説明すればよいか，児童各々の論理を発揮させたい。

　また，選んだ記号に共通することや相違点を「まとめ」として書けば，具体と抽象のつながりがわかりやすいことをとらえさせる。

ポイント❸　自分の生活との関連

　児童は，身の回りにある多くの記号を無意識に見て生活している。本単元の学習を通して，誰にでもわかりやすい多くの記号は自分たちの生活を便利にしていることや，その意味を知ることで生活に役立つことを考えさせ，身の回りの事象に関心をもつことの大切さをとらえさせたい。

4 単元計画（全11時間）

次	時	学習活動	教師の役割
一	1	○身の回りにある記号について知っていることを話し合う。	○身の回りにある記号に関心をもたせるために，まずは指導者が多くの記号カードを用意する。
	2	○集めてきた記号を出し合い学習課題を考える。	○児童に「記号集め」をさせ，集めた記号からみんなに紹介したい記号を説明する文章を書くという学習課題を設定する。
二	3	○説明文の学習と関連させ，事例の取り上げ方や順番等の工夫を考える。	○どのような説明文がわかりやすかったか想起する。
	4	○記号を分類し，例文を読んでどのように紹介すればいいのか話し合う。	○集めた記号をさまざまな観点で分類し，仲間ごとに説明内容を考えさせる。
	5	○関連図書を読み記号を調べる。	○さらに本を読み記号を集めさせる。
	6	○自分が紹介する記号を選びその順番を考える。（本時）	○集めた記号の中から紹介する記号を決め順番を考えさせる。
	7	○どのような内容を紹介するかを考え，表にまとめる。	○観点に沿って表にまとめさせる。
	8	○「はじめ」「おわり」の書き方を考える。	○具体例と関連させて「おわり」を表に書かせる
三	9・10	○表をもとに，説明文を書く。	○「記号の名前」「見つけた場所」「意味」「役立つこと」等の観点で書かせる。
	11	○友達の書いた説明文を交流する。	○どんな観点でどんな工夫をして書いているかを視点に交流させる。

5　単元導入時の状態

　本単元では，身の回りの記号を紹介する説明文を書く。多くの記号があるが，その意味を理解している児童は少なく，その記号についてどのように書けばいいか，例文をもとに考えさせる必要がある。

　導入では多くの記号を提示することで記号に関心をもたせ，調べてその意味を書きたいという意欲につなぐ。

6　「子どもの論理」で創る授業の実際（本時・第二次4／6）

❶授業のねらい

　観点に沿って集めた記号の中から，どの記号を選びどんな順番で説明するかを考えることができる。

❷授業の展開

〈学習活動①〉紹介する事例をどのように選べばいいか考える

> どんな記号を選ぶ？

　児童は，自分が紹介しようと思う記号を集めている。その中から説明文に書く記号を選び順序を考えなければならない。どのような視点で事例を選びどのような順番で紹介すれば，読み手にわかりやすい説明文になるかを考える。

　指導者が用意した複数の記号（禁止を表す記号やリサイクル記号など）を黒板に示し「この中から自分ならどの記号を選ぶか」を問い，理由を明確にして選ぶ。友達と交流することで，どんな理由に納得できるかを話し合う。

　ポイント　児童が記号を選ぶ観点はさまざまだと考える。その理由の中から，一番納得できるものを自分が選ぶときの参考にさせる。

〈学習活動②〉事例の順番を考える

> どんな順番にする？

「よく見るものから珍しいもの」「みんなが知っているものから初めて見るもの」「安全なものから危険なもの」等，子どもたちの論理を交流させながらどの順番が妥当かを話し合う。

ポイント　1つに決める必要はないので，読者の立場からどの順番がわかりやすいか，読んでいて楽しいかを考えさせる。

〈学習活動③〉集めた記号の中から説明文に書く事例を選び順番を考える

自分が紹介する記号を選んで順番を考えよう。

読者を意識して「違う意味のものや付いているものが違うものを選んだほうがいい」「これはみんなに知ってほしい」「みんながびっくりするものを選ぼう」等の理由を考えながら記号を選ぶ。そして，自分なりに「○○な順」を考えて順番を決める。

ポイント　児童一人一人の論理を大切にしながら，どんな理由で事例を選び順序を決めたのか個別指導する。グループで交流しながら考えさせるのも効果的である。

❸板書例

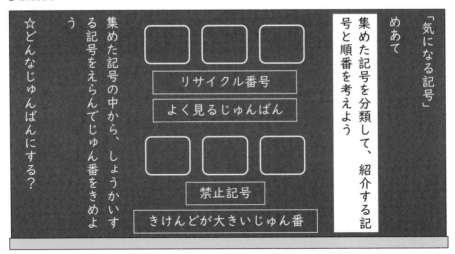

「気になる記号」

めあて
集めた記号を分類して、紹介する記号と順番を考えよう

集めた記号の中から、しょうかいする記号をえらんでじゅん番をきめよう

リサイクル番号
よく見るじゅんばん

禁止記号
きけんどが大きいじゅん番

☆どんなじゅんばんにする？

「ハートのついた記号はどんな意味がある？」

　ぼくたちの身の回りには，いろいろな記号があります。記号には，言葉で説明しなくてもパッと見てその意味が分かるというよさがあります。その意味を知っていると，とても便利で生活に役立ちます。

　どんな記号があるのか本で調べてみました。すると，ハートを使った記号がたくさんあることに気が付きました。そこで，ハートを使った記号にはどんな意味があるのかを調べることにしました。

　まず，①の記号です。これは，電車の中などについている記号です。電車に乗っている人にめいわくにならないように，着信音を消してくださいということを表しています。今，携帯電話をもっている人が多くなってマナーを守らない人もいるそうです。電車に乗っている人みんなが気持ちよくすごせるための記号です。

　②は，お腹に赤ちゃんがいるお母さんがつけている記号で，「マタニティーマーク」と呼ばれています。お腹に赤ちゃんがいると分かれば，電車やバスに乗った時席をゆずったり気をつけてあげたりすることができます。ぼくのお母さんは，実さいにこのマークを付けた人に，席をゆずってよろこんでもらったそうです。お母さんにも赤ちゃんにもやさしい記号です。

　③は，体の不自由な人が運転している車を表す記号で，「クローバーマーク」と呼ばれています。安全に運転できるように，無理なおいこしをしたりあおり運転をしたりしないように気をつけて運転することが大切です。ぼくは，このマークがついている車を見たことがあったけど何のマークかわからなかったので知ることができてよかったです。

　④は，人の命を守るためのきかいがあることを表す記号です。学校のげんかんの近くにもあるので，何だろうと思っていました。きんきゅうのたいおうがひつような時に心ぞうに電気ショックをあたえて，人の命を守るそうです。だから，赤色で目立つようにしてあるのかなと思いました。このきかいは，駅やこうきょうしせつなど多くの場所にあるそうです。

　ほかにも，⑤のように人のけんこうを助ける食品に付けられているマークにもハートが使われていました。

　ハートが使われている記号の意味を調べてみると，それぞれの意味は違うけれど，全部人の命にかかわることや相手のことを考えることにつながっていました。ハートは人の心を表していて，相手に優しくしたり，命を守ったりするのに役立つことを表す大切な記号だと分かりました。

　他にも記号はたくさんあります。その意味をもっともっと知りたいです。

（大澤　八千枝）

4 報告文の学習指導

相手や目的を意識しながら整理をして報告文を書こう（第4学年）

教材　「わたしの研究レポート」（光村図書・4年）

1　育てたい見方・考え方

○相手や目的を意識しながら調べたことを整理して，報告する内容を明確にすることができる。

○段落相互の関係に注意しながら構成を考え，報告文を書くことができる。

2　子どもから見た「報告文」

　報告文とは，調査や研究，活動などの結果を特定の人または不特定多数の人に知らせる文章である。報告文は，子どもが日常の言語生活の中で触れる機会が少ないものである。しかし，他教科での学習や将来の仕事で報告文や報告書を書く機会はたくさんあるはずである。それらのことを子どもが知った上で，報告文について学ぶ必要感をもって学習に臨みたい。

　子どもは，「面白い」と思う題材を見つけると，誰かに知らせることに意識が向く。すると，「調べたことを知らせるためには，どのように書くとよいのだろうか」という問いが生まれ，報告書の書き方について主体的に考えていくことができる。報告文を形式的に書くのではなく，「面白い」と思える題材を見つけることから始めるようにしたい。

　また，調査報告文となると調べた内容をそのまま書き写してしまうことも考えられる。そこでは，「相手や目的意識」が大切である。相手や目的を意識することで，報告する内容の取捨選択，分類，並べ替えといった整理の仕方が見えてくる。また，構成や推敲の段階でも相手や目的をしっかり意識して取り組むようにしたい。

3　授業化のポイント

ポイント❶　子どもが「面白い」と思う題材を見つけること

　報告文の学習のスタートとして，子どもが「面白い」と思う題材を見つけることが大切である。今回は「身の回りの疑問」について取り扱う。雑学的な内容は，意外性や特殊性があり，誰かに知らせたくなるものである。ただし，調べることが難しい疑問を設定すると，調べる段階で興味を失ってしまうことも考えられる。そこで，疑問の例を提示したり，調べることが難しい疑問について個別に助言をしたりするなどの支援も意識しておきたい。

ポイント❷　報告文の構成の検討

　題材を見つけ，構成を考える段階になると「どのように報告文を書くとよいのだろうか」という問いが生まれてくる。そこでは，自分が報告文の読み手になったときに，どのようなことを知りたいか，また，それらがどのような順であるとわかりやすいかを考えていく。そうすることで，読み手の立場から調査報告文の構成を考えていくことができる。具体的には，調べたテーマ・調べようと思った理由・調べた方法・内容・考えたこと・使った文献などが考えられる。また，構成を考える際には，調べたテーマと内容のつながり，調べた内容と考えたことのつながりなど段落相互の関係を意識したい。

ポイント❸　整理の仕方の検討

　調査報告文では，調べた内容をそのまま書き写してしまうことも考えられる。そこで，構成メモを作る際の調べた内容の書き方がむずかしいという困り感を交流する。そして，「調べた内容をどのように書くとわかりやすいか」という問いを共有し，整理の仕方について考えていく。そこで大切なのが，相手や目的意識である。相手や目的を意識することで，整理の仕方が見えてくる。例えば，テーマとの関わりが薄いので今回は報告しないなど取捨選択をすること，場所別，時代別といったように観点を決めて分類すること，そして，読み手に身近なものから並べるなど配列を考えることである。相手や目的を意識しながら，調べた内容を整理し，報告する内容を明確にするようにしたい。

4　単元計画（全7時間）

次	時	学習活動	教師の役割
一	1・2	○身の回りの疑問について本やインターネットで調べる。	○「面白い」と思う題材が見つけられるように，疑問の例を提示したり，個別に助言をしたりする。
二	3	○報告文をどのように構成するとよいのかについて話し合い，構成メモを作る。	○読み手としてどのような報告文がよいかを考えるよう促し，段落相互の関係に注意して構成を考えることができるようにする。
	4	○調べた内容をどのように書くとよいかについて話し合い，自分が調べた内容を整理する。（本時）	○調べた内容を整理するためには，相手や目的の意識が大切であることをおさえておく。
	5・6	○報告文を書き，推敲する。	○書き進める中で，必要があれば構成を変えたり調べ直したりするよう助言する。 ○推敲の際にも相手や目的が大切となることを確認し，伝わるかなどの観点をもって推敲できるようにする。
三	7	○報告文を読み合い，感想を交流する。	○読んだ感想を交流するよう促し，報告することができた喜びを味わえるようにする。

5　単元導入時の状態

　「報告書」という言葉を聞いたことがある児童は多いと思われる。また，相手や目的を意識して書く学習はこれまでにも取り組んでいる。

6　「子どもの論理」で創る授業の実際（本時・第二次2／4）

❶授業のねらい

　調べた内容をどのように書くとよいかについて話し合うことで，整理の仕方をつかみ，自分の調べたことを整理することができる。

❷授業の展開

〈学習活動①〉構成メモを作った際の課題を交流する

> 構成メモを作ってみてどうですか？

　困ったことに焦点を当てて交流し，全体で課題を共有する。

C　調べた内容のどこを書いたらよいのか迷いました。ノートにメモしたことを全部書くのもおかしい気がするし…。

C　どんな順番で書いたらいいか悩みました。

T　という意見がありましたが，みんなはどうですか？

　ポイント　困った意見を全体に問い返すことで，自分にも当てはまっていないかを考えることができるようにする。

〈学習活動②〉調べた内容の整理の仕方を考える

> 調べた内容をどのように書くとよいですか？

　調べた内容の整理の仕方について話し合う。

①取捨選択をすること

C　すべて書かずに書くところを選ぶといいと思います。

T　どのように選びますか？

C　読む人が興味をもてる内容。

C　テーマに関係があるかどうか。

②観点を決めて分類すること

C　あと，まとまりを作って分けるとわかりやすくなると思います。

C　以前勉強したときみたいに観点を決める。

③配列を考えること

C　読む人が面白いと思う内容から書くといいと思います。読む人がひきつけられるからです。

C　読む人に身近なものから書くとわかりやすいと思います。

　ポイント　調べた内容を整理する際には，相手や目的を意識することが大切であることをおさえる。

〈学習活動③〉自分が調べた内容を整理する

先ほど見つけた整理の仕方を使って，構成メモを作ることはできますか？　できている人はよりよくできますか？

調べた内容を整理し，構成メモを完成させる。

　ポイント　困っている児童には，相手に読みやすいか，報告書を書く目的は何かを意識して考えるよう促す。

❸板書例

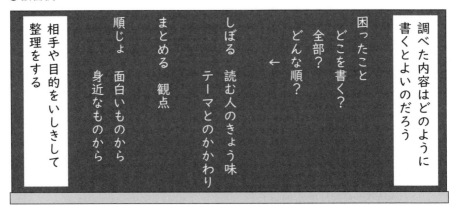

7　作品例

文ぼう具の不思議！―みんなちがってみんないい―

ぼくは、身近にあるあの文ぼう具について疑問があります。それは消しゴムです。えん筆でどんなに強く字を書いても消すことができます。でも、ボールペンで書いた字は消すことができません。そこで、なぜえん筆で書いた字は消せて、ボールペンで書いた字は消せないのかについて調べてみました。インターネットで「学研キッズネット」というサイトを使って調べました。

えん筆で書いた字は、けんびきょうで大きくしてみると、細かいえん筆のしんのつぶがならんでいます。これらのつぶを消しゴムでこすり取ることで、字を消しています。また、消しゴムには、ゴムせいとプラスチックせいの二種類があります。ゴムせいは、紙の表面を少しけずり取って字を消しています。でも、プラスチックせいは、えん筆のつぶをつつみ取るようにして字を消しています。

しかし、ボールペンで書いた字は紙の中にインキがしみこんでいます。だから、いくら消しゴムでこすっても字は消えません。

世の中には、とてもたくさんの文ぼう具があります。その一つ一つによさがあり、たくさん役わりがあることが分かりました。文ぼう具も、みんなちがってみんないい！

〈調べたサイト〉学研キッズネット「消しゴムはどうして字を消すことができるの」https://kids.gakken.co.jp/kagaku/kagaku110/science0425/（二〇一九年十月三十一日）

〈調べた内容の整理の意図〉

・取捨選択：プラスチック消しゴムが「字消し」と呼ばれているという名前のことも調べていたが，消しゴムで字が消せる理由という報告したいテーマとの関わりから，今回は書かないことにした。

・分類：取捨選択した内容を「鉛筆」に関するまとまりと「ボールペン」に関するまとまりに分類して，それらをもとに段落を構成した。

（五十部　大暁）

5 意見文の学習指導

5年生にスマホの正しい使い方を伝えよう（第6学年）

教材 「資料を生かしてよびかけよう」（東京書籍・6年）

1 育てたい見方・考え方

〇目的や意図に応じて必要な資料を選択・活用することができる。

〇文章全体の構成の効果を考え，自分の考えを伝える文章を書くことができる。

2 子どもから見た「意見文」

　意見文を書く際の子どもを想定してみる。おそらく何人かは，書き出しで止まってしまう子どもが見られるはずである。その子たちにつまずきの理由を問うと，「何を書いたらよいのかわからない。」（内容面）「どのように書いたらよいのかわからない。」（方法面）といった反応が多く返ってくることだろう。ここに，意見文指導のヒントがある。意見文を書く際には，まず子どもの中に書いて伝えたい事柄が醸成されている状態を作り（内容面），書き方（方法面）を指導することが大切なのである。つまり，何かについて意見をもつということが，意見文のスタートになるということである。

3 授業化のポイント

ポイント❶ 「書きたい」を引き出す題材設定—オーセンティックな学び—

　「意見文」において，最も大事なことは，すべての児童が書いて伝えたい意見があるということである。児童一人一人が自分の意見をもたなければ，意見文は始まらない。その意味で意見文においては，題材が重要である。教科書掲載の題材が必ずしも児童の実態に即しているとは限らない。児童の実

態に合うように，題材の提示の仕方を工夫したり，内容の補充，変更等を行ったりすることで，書く必然性や学びへの意欲を引き出したい。例えば本教材において，教科書では環境問題が題材に設定されているが，児童にとって身近な問題で，経験や情報を豊かにもっている題材とは言い難い。そのため意見文を書く際に，全員が同じような文章になってしまう可能性も大きい。そこで児童に身近で，問題意識や日常とのつながりが深いスマートフォン（以下，スマホ）を題材とし，上手な使い方を5年生に呼びかける意見文を書き，リーフレットにまとめるという活動を設定した。

ポイント❷　相手・目的意識を明確に設定する

読者に共感や同意を求めて書くものが意見文である。誰に対して（相手），何のために（目的）書くのかを明確にもたせたい。書く必然性を意識させ，相手・目的に合う文章となっているかという価値判断の基準をもたせることで，言葉への吟味や書き方を工夫する姿勢へと導きたい。

ポイント❸　書き方を明示化する

「意見文」という文種の特性を意識した書き方を知り，活用するということが大切である。相手に自分の意見を伝えるための構成の工夫を明示化し，児童が活用できるような指導を心掛けたい。書き方（手段・方法）を明示化する一例として，教科書の例文分析とモデリングがある。教科書の例文を分析する中で，主張を伝えるための，「問題点」→「原因」→「対策」という本論の構成や，頭括型・尾括型・双括型といった文章の型などの書き方の効果に気づかせる。さらに，モデリングで，学んだ方法を実際に児童が活用して書くことができるようにする。モデリングというと，教師作成のモデル文を示すという活動が多くみられるが，本実践では，それだけでなく，授業の前半に児童と共に教師モデルを作成する（構成方法のモデリング）ことで，文章構成を体験させ，それを自分の題材に転用するという方法を行う。このような明示化により，「書いて伝えたい」という意欲を「書き方がわかる」という技能面と「書けた・書いてよかった」という達成感，満足感という情意面の両方につなげていきたい。

4 単元計画（全9時間）

次	時	学習活動	教師の役割
一	1	○「スマホの危険性」について知っていることを交流する。5年生（相手）に呼びかける（目的）という課題を共有する。	○「伝えたい」という意欲と伝える必然性を引き出す仕掛け（小学生における危険性の認知度の低さを表す資料）の提示。
二	2 3 4 5 6・7	○教科書例文を分析し，説得力のある意見文のコツを学ぶ。 ○グループに分かれて資料を分析する。その際，付箋を用いて「問題点」「原因」「対策」の3つのカテゴリに分ける。 ○自分が伝えたい「呼びかけの中心」となる題名を決める。 ○「呼びかけの中心」を伝えるための本論の構成を考える（モデリング）。意見文に適切な資料を選択する。（本時） ○構成メモを基にリーフレットを書く。	○構成や資料の使い方等に着目できるよう促す。 ○児童をテーマ別（依存・課金・情報漏洩）に分け，それぞれの資料を準備し，知識の深化・拡充を図る。 ○伝えたいことが題名に反映するように，言葉の吟味を促す。 ○モデリングを児童と共に検討することを通して，意見文における本論の構成を理解，実践できるよう促す。 ○記述の際の注意点を明示する。
三	8 9	○完成したリーフレットを相互に交流し，5年生に渡す。 ○5年生の反応を参考に，自分の意見文についてふり返りを行う。	○児童相互の交流の際には，付箋を用意し，評価の意欲を向上させる。 ○文章と資料のつながりや，意見文に対する5年生の納得度といった視点でふり返らせる。

5　単元導入時の状態

　日常生活で児童が文種を意識することは少ない。もちろん，意見文に触れる機会はあるが，構成を意識して読むということはほぼないといえる。そのため，意見文の書き方（構成）について，具体的に知っている児童は少ない。

6　「子どもの論理」で創る授業の実際（本時・第二次４／６）

❶授業のねらい

　「問題点」「原因」「対策」のつながりという本論の構成を意識して，自分の意見文についての文章の構成を考え，適切な資料を選択する。

❷展開

〈学習活動①〉本論の構成方法（問題点，原因，対策のつながり）を考える

> 本論を構成していく上で，絶対に外せないものはどれですか？

　「呼びかけの中心」＝題名ということを確認した上で，本論の構成を考えていく。その際，一目でわかるように「問題点，原因，対策」を色分けした付箋を用いる。意識させたいのは，問題点と対策の重要性である。

C　対策です。対策を示すことで，５年生に対して，どうすれば良いか教えてあげられるから。

C　対策がないと，何をしたらよいかわからないので呼びかける意味がない。

T　教科書の構成（地球温暖化の①問題点→②原因→③対策）以外に考えられる本論の構成はある？

C　①問題点→②問題点→③対策

T　①②で多くの問題点→③で対策を示すという構成ですね。じゃあ，この構成はどうですか？（①原因→②原因→③対策を示す）

C　これだと，原因だけで，どんな問題があるのかわからない。

C　問題点があったら，さらにくわしくなって，５年生にも伝わりやすい。

T　問題点があるからこそ，対策が呼びかけられます。原因→原因という構成はだめなのですね。

〈学習活動②〉教師モデルを用いたモデリングで構成を検討する

　学習活動①で考えた構成方法について，教師モデルを用いて具体的に考える。この活動で，自分の構成を考える前段階として構成を考えることができるため，文章構成を考える視点，グループ共有の視点として機能していく。

T　先生は，①問題点→②問題点→③対策の構成で構成メモを作りました。テーマは「依存」で，題名は「健康に気を付けて上手に使おう」です。対策は「10オフ運動に取り組み，10時までに電源を切る」です。これにつながる本論１，２の問題点として，３つ入れたいなと思うものがあります。

> ３つの中から２つを選ぶなら，どの事例がいいですか。
> ①健康への悪影響がある。
> ②スマホを使う時間が長いほどテストの点数が低い。（という調査結果）
> ③スマホを使うためにほかの時間を犠牲にしている。

C　健康への悪影響という題名だから②は健康には関係がない。③の「他の時間を犠牲に」というのは，健康への悪影響に関係があるから①と③かな。

C　使うものは同じで③と①を逆にする。

T　②の方がインパクトが大きい気がするけど，②ではだめなの？

C　題名は「健康に気を付けて上手に使おう」なので，点数は健康と関係ないから。（「題名」とつながらないと，何人か続く）

T　構成するときは，「題名とのつながり」を考えないといけないのですね。

C　資料が足りない（児童がつぶやく）。10オフ運動についての資料が必要。

T　じゃあ，資料をつけよう。（対策についての資料を問題点の場所に貼る）

C　えー!!　そこちがう！　資料が合ってない！（多数のつぶやき）

T　なるほど。（「資料とのつながり」と板書）。こういうことですね。

　この後，児童はそれぞれの本論について構成を行った。モデリングを通して一度構成の仕方を考えており，板書を見て確認もできるため，全員がスムーズに活動に入っていた。また，グループでの交流時に他者の構成を検討する際にも視点が定まり，的確なアドバイスを行っていた。

❸板書例

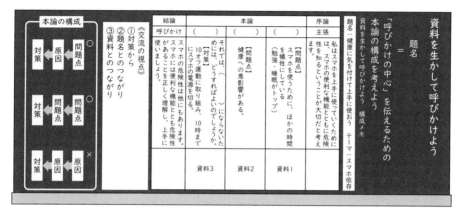

7 作品例

「自分をふりかえりながら，スマホを上手に使おう」　　　　　　　　児童A

①私は，スマホを上手に使っていくためには，スマホの便利な機能とともに危険性を知るということが大切だと考えます。

②スマホの危険性の一つである「スマホ依存」は，使い手である私たちに，様々な影響を及ぼします。資料１のイラストを見てください。このイラストからはスマホ依存のため寝不足になっていることがよく分かります。

③ではなぜ，スマホ依存になると寝不足になるのでしょうか。資料２のグラフを見てください。このグラフからは，小学生のスマホの利用シーンは就寝前が一番多いことが分かります。なぜ，スマホの利用シーンは就寝前が一番多いのでしょうか。理由の一つとして，このようなことが考えられます。成績が下がると怒られるため，勉強時間は減らさない代わりに，睡眠時間をけずるということです。

④それではどうすればスマホ依存にならないのでしょうか。資料３を見てください。一つの方法として，24時間から引き算する方法があります。この方法を実行することで，自分をふりかえることができるので，長時間インターネットを利用しているという自覚ができ，長時間使用を避けることができます。スマホ依存にならないためには，自分をふりかえることが大切です。

⑤スマホの危険性は他にもあります。スマホの便利な機能とともに，危険性があることを正しく理解し，上手に使いましょう。（児童Aリーフレットを稿者打ち込み。紙幅の都合上資料は略。下線は（問題点），（原因），（対策）を示している。）

（小泉　芳男）

157

6 批評文の学習指導

批評文を書こう（第5学年）

教材 「生き物は円柱形」（光村図書・5年）

1 育てたい見方・考え方

○教材を論理的に理解することができる。

○教材を批評的に吟味，評価するという主体的な読む・書くことができる。

2 子どもから見た「批評文」

「批評文」とは，情報（ここでは文章）が，納得できるかどうか根拠を明確にして吟味評価し，自分の考えを書き表した文章である。

本単元を授業した第5学年の児童にとって，「批評文」を書くことは初めての学習である。そこで，まず「批評文」とはどのようなものかを理解させなければならない。用いた教材は「生き物は円柱形」である。

本教材「生き物は円柱形」は，はじめに「生き物は多様であり，その中に円柱形であるという共通性をもっている」という筆者の考えを述べ，本論1で，円柱形はすべての生き物の基本形であること，本論2では円柱形の利点を「強い」「速い」ことに分けて述べている。そして，⑩段落で②〜⑨をまとめ，⑪段落で筆者の考えを述べている。

本教材は，一見わかりやすいように見えるが，本来複雑・多様であるものを大胆に単純化した前提（仮説）によって解明，説明，説得しようとしており，そこに論理上の問題が生じている，問題のいくつかを取り上げる。

まず①段落には，「生き物の，最も生き物らしいところは，多様だというところだろう。」と，極めて妥当なことが述べられているが，その直後に，「分かりやすい共通性は，『生き物は円柱形だ』という点だ。」とあり，多様

性と共通性という相対立する概念の整理をつけることができないままに，⑫段落では，「それ（ごつごつしていたり，でこぼこがあったりしている指）をここでは円柱形と見なすことにしよう。」と思い切った提案をしている。この大胆な前提・仮説に児童は納得できるのだろうか。

　①～⑨段落は，円柱形の長所に関わる説明である。⑩段落は，本教材の本体部分の論理的なまとめである。⑫段落は，本教材のまとめのように見えるが，論理的な帰結としてのまとめは⑩段落であり，⑪段落は⑩を踏まえた筆者の思いが述べられているのであって，論理的な意味でのまとめではない。

　このように，本教材は児童がその論理に対して吟味評価することが可能なさまざまな要素があり「批評文」を書くことに適した教材であると言える。

3　授業化のポイント

ポイント❶　初発の感想を「評価」に

　初発の感想は，説明文を読んで「わかりやすい・わかりにくいと思ったところ」「疑問に思ったところ」「みんなで考えたいと思ったところ」の観点で書かせる。そして，児童の反応を表にまとめて配布し，「わからないこと・みんなで考えたいこと」を話し合うことで，共通認識させる。

ポイント❷　児童の「評価」を学習課題に

　児童の初発の感想を生かし，児童の思考のズレを導くことで先に述べた教材の論理や問題点に気づかせるための学習課題を設定する。

☆「わかりにくい」という意見が多いのはどうして？　みんなは何に納得できないのか？
 ・この説明文は，双括型？　「双括型が失敗」ってどういうこと？
 ・まとめは何段落？　⑪段落はまとめ？（A児の意見を受けて）
 ・取り上げられている事例は円柱形だと思えるか？
 ・納得できないことの一番の原因は何か？（「仮に円柱形だとすると～」「円柱形と見なすことにしよう～」という説明の仕方に気づかせる。）
☆どう書けば，読者として納得できるのか？

これらを解きながら，「①〜⑨・⑩と⑪の関係」「筆者の論の進め方」「事例の取り挙げ方」「仮説を重ねた書き方」等を評価させ，「批評文」につなぐ。

ポイント❸　「批評文」の交流を

「批評文」の書き方を理解させるために，各時間に書いた児童の「批評文」を交流し，自分の考えと比較させ，根拠が明確になっているか考えさせる。

4　単元計画（全6時間）

次	時	学習活動	教師の役割
一	1・2	○教材文を読み，初発の感想や疑問から学習課題を考える。	○「批評文」を書くという単元の目標を確認する。
二		課題を解決しながら教材を読み「批評文」を書く	
	3	○この説明文は，双括型？　「双括型が失敗」ってどういうこと？　まとめは何段落？　⑪段落はまとめ？〈学習活動①〉	○「①〜⑨・⑩と⑪の関係」「筆者の論の進め方」に対する批評文を書かせる。
	4	○取り上げられている事例は円柱形だと思えるか？〈学習活動②〉	○「事例の取り挙げ方」に対する批評文を書かせる。
	5	○納得できないことの一番の原因は何か？（「仮に円柱形だとすると〜」「円柱形と見なすことにしよう〜」という説明の仕方に気づかせる。）〈学習活動③〉 ☆どう書けば，納得できるのか？	○「仮説を重ねた書き方」に対する批評文を書かせる。「こう書いた方がわかりやすい」「自分ならこう書く」という意見をもたせる。
三	6	○「批評文」を書く。 これまでの学習を「批評文」にまとめる。	○これまでの学習をまとめて「批評文」を書かせる。

5　単元導入時の状態

　児童にとって，文章を評価し「批評文」を書くという活動は初めてである。

　本単元では，読む活動と書く活動を関連させ，文章を論理的に読み根拠をもって評価し表現する活動をくり返し仕組む。

6　「子どもの論理」で創る授業の実際（第二次1～3／3）

❶授業のねらい

　文章の内容，論理，言葉が，なぜそのように書かれたのか，その根拠と妥当性（納得のいくものになっているか）を吟味・評価し「批評文」として自分の考えを表現する力をつける。

❷授業の展開

〈学習活動①〉「①～⑨・⑩と⑪の関係」を評価し批評文を書く

> まとめは何段落？　⑪段落はまとめ？　この書き方はわかりやすい？
> 「双括型が失敗」ってどういうこと？

　まず，この説明文は双括型なのかを考え，双括型の効果を想起する。その際，⑩⑪段落の役割や関係を考える。そして，「双括型が失敗」という意見を取り上げて，意見を交流する。結論部まで読んだとき「生き物は円柱形だ」と思えたかを話し合う。

　教材の論理を根拠に，「わかりやすい・わかりにくい」ところを書くことが「批評文」になることをとらえて，自分の考えを書く。

　ポイント　⑪段落がまとめだととらえる児童がいるので，結論部の⑩段落で②～⑨をまとめ，⑪段落で筆者の考えを述べていることをとらえさせ，そのつながりを評価させる。

《全体の論理構造についての「批評文」の一部抜粋》

　この説明文は双括型です。でも，この双括型は成功していません。双括型の効果は，はじめに「えっ。何？」と思わせて，それを「中」で説明して最後には「そうだな」と思わせることです。でも，この説明文は，はじめに「えっ」と思った

疑問がすっきり解決されていません。筆者が「生き物は円柱形」だと説明をしても，出している例は，円柱形だと思えないし，「円柱形だとしよう。仮に」などといわれてもすっきりしません。そして⑪段落には「多様」という言葉が多く使われています。共通性を説明してきたのに最後に多様と強調されていると何？と思います。「おまけ」と考えればいいのですが，最後を読むともやっとします。

〈学習活動②〉 事例の取り上げ方・例外を書いたことを評価し批評文を書く

> 筆者の事例の挙げ方はわかりやすい？

　筆者が「円柱形」の例をたくさん挙げていることや新聞紙の実験によって円柱形の良さを説明していること，また，④段落に例外を挙げていることは読者として納得できるのかを話し合い自分の考えを書く。

　　ポイント　筆者が多くの事例を取り上げた意図や④段落に「例外」を書いた効果を考えさせ評価させる。

《具体例の挙げ方についての「批評文」の一部抜粋》
　筆者は，この説明文で「生き物は円柱形だ」ということを伝えている。そのためにたくさんの例（生き物）を挙げている。読者にとっては円柱形といわれてもわからないから，「この生き物も，この生き物も円柱形でしょ」と思わせるようにたくさんの例を挙げたのだと思う。円柱形が役に立っていることも納得できる。でも，筆者が取り上げている例は納得できない。この説明文で納得できるのは④段落だ。例外を書いて読者の気持ちを考えて先まわりしているからだ。そして，それを後から「ちゃんと円柱形は入っている」と説明しているから「確かにそうだな」と考えられた。筆者は，読者が「えっ？　はっ？」と考えるのをわかっていてこの説明文を書いたのではないかと思う。

〈学習活動③〉 仮定を重ねた説明の仕方を評価し批評文を書く

> どうしてこんなに納得度が低いのだろう？　一番の問題点は？

筆者の持論である「生き物は円柱形」を説明するための，②段落の「ここでは円柱形と見なすことにしよう」⑥段落の「仮に，生き物の基本が円柱形だとすると〜」という仮定が重なっていることが問題であることを考え，自分の考えを書く。

ポイント　「どんなふうに書いてあれば，みなさんの納得度は上がりますか？」
　　　　　「①段落を書き直すとすると，どこをどのように直しますか？」等と
　　　　　問い，どのように書き直すとわかりやすいか考えさせる。

《児童作品　「批評文」の一部抜粋》
　私は，この説明文のズバッと言い切った書き方が好きです。読者が，納得のいかないことを，筆者が強調して伝えようとしているのだと思います。読者は納得できないだろうから，あえてこんな書き方をしたのかもしれません。でも，私は文末が強すぎだと思います。
　②には「見なすことにしよう」⑥には「仮に」が使われています。たとえ円柱形でなくても「無理にでも」円柱形だと思わせるような書き方になっているのはいい説明ではないと思いました。でも，弱すぎると筆者の伝えたいことが伝えられないのかなと思いました。
　でも，やはり，例を説明されても見た目上には円柱形とは思えない。かくれたところに円柱形があるというのなら納得できる。筆者の考えは，「生き物には円柱形がかくれているが，普段気にせず生活している。円柱形のおかげだ。」ということなので，①段落を書きなおせばいいと思う。「地球には，たくさんのさまざまな生き物がいる。……その中に共通性がある。生き物の一部には重要な役割をもつ円柱形がかくれている。」とすればいい。そして，題名も「かくれた円柱形」とすればいい。読者は，「どこに隠れているのか？」と思えるし，「どんな役割があるのか？」と思えるからだ。
　筆者は，とてもおもしろい考えをもっている人だなと思った。普通の人は「生き物は円柱形」なんて考えないから。

（大澤　八千枝）

おわりに
～「子どもの論理」と書くことの未来～

　「子どもの論理」で創る国語授業研究会（子国研：白坂洋一会長）は，発足して３年目を迎える。キーとなる「子どもの論理」には，子どもの側から学びをとらえ，子どもの学びの文脈をいかに創るかを問題意識として込めている。研究活動の範囲も徐々に広がり，2019年７月に筑波大学附属小学校を会場に開催した研究大会には，多くの先生方にご参加をいただき，以下のような感想をいただいた。

> ・国語科は，どこか教師が教えるものと思っていましたが，そうではないのだと今日気付くことができました。なかなか子ども主体の授業を見ることができず，「めあて・まとめ・振り返り」のパターン化の授業がモデル化されています。もっと，子ども主体の実践を見て学びたいです。
> ・「子どもの論理」で創る国語の授業は，現在，「主体的・対話的で深い学び」が求められている中で欠かせないものだと感じます。これまでの国語の授業は，教師の解釈を押し付けるものだったと思います。子どもと共に対話しながら授業を創っていきたいと思います。

　子ども主体の国語科授業づくりへの賛意はありがたい限りだが，一方で，こうした感想がさまざまなところで聞かれるということは，それだけ国語科における子ども主体の実現は難しいのだと思う。

　前著『「子どもの論理」で創る国語の授業―読むこと―』では，子どもの読みの問題を取り上げたが，本書はその続編で，書くことの問題を取り上げている。読むことも課題が多いが，それ以上に指導が難しいのは書くことである。書かせれば書けるようになるのならそれに越したことはないが，書かせれば書かせるだけ作文嫌いを増やしているとすれば，それはかなり大きな

問題である。書くという文化が，どこか子どもたちの手から遠ざかり，学力アップという名のもとに，全国学力調査の成績を上げるために行われているとしたらそれこそ本末転倒である。

　「子どもの論理」で創る書くことの授業は，もっと，書くという文化を子どもたちの手に帰し，子どもたち自身が書きたいと願い，どう書いたらいいかと求めてくる，そんな書くことの授業を描いている。子どもたちが書くことに自信をもち，書くことを楽しめる子どもが育っていってくれたらどんなにいいだろう。

　書くことは苦しさも感じるが，書くことには不思議な魅力がある。自分自身と向き合い，自分自身と対話し，知らなかった自分と出会うことができる。書くことに没頭していると，ふと考えが湧き上がってくることもあるし，まさか自分がこんなことを考えていたなんてと驚くこともある。書くことの未来は明るいか，それとも，厳しいか。

　「さあ，作文を書きましょう。」

　「やった～！」

　そんな光景が広がっていったら本当に素晴らしい。「子どもの論理」は，書くことの未来の分岐点に立っている。

　本書では，イギリスの詩教育を専門にご研究なさっている中井悠加先生に特別にご寄稿をいただいた。先生の詩教育論には，詩教育を超えた学びを感じている。また，本研究会の主旨に賛同し，研究会の運営にも関わってくださっている先生方にもご執筆いただいた。その実践からは，書くことの学びの確かさが見える。記して感謝申し上げたい。

　終わりになりましたが，本書の発刊に向けた歩みがあまりにも遅く，それでも粘り強く声をかけてくださり，ここまで導いてくださった大江文武様に心より感謝申し上げます。

編著者　香月　正登

【執筆者一覧】（執筆順）
〈特別寄稿〉

中井　悠加　　　島根県立大学人間文化学部講師

白坂　洋一　　　筑波大学附属小学校
香月　正登　　　梅光学院大学子ども学部准教授
大澤八千枝　　　広島県三次市立十日市小学校
五十部大暁　　　山口大学教育学部附属山口小学校
柴田明日香　　　佐賀県上峰町立上峰小学校
小泉　芳男　　　広島県広島市立袋町小学校

【編著者紹介】

白坂　洋一（しらさか　よういち）

1977年（昭和52年）鹿児島県生まれ。鹿児島大学大学院修士課程修了。鹿児島県公立小学校教諭を経て，2016年より現職。日本国語教育学会員，全国大学国語教育学会員，全国国語授業研究会理事，雑誌「子どもと創る国語の授業」（東洋館出版社）編集委員を務める。

香月　正登（かつき　まさと）

1967年（昭和42年）福岡県生まれ。山口大学大学院修士課程修了。山口県公立小学校教諭を経て，現職。全国大学国語教育学会員，中国・国語教育探究の会副代表，「ことばの学び」をひらく会代表を務める。実践学の構築を目指し，精力的に現場での授業を続けている。

【著者紹介】
「子どもの論理」で創る国語授業研究会

「子どもの論理」で創る国語の授業
―書くこと―

2020年5月初版第1刷刊	©編著者	白　坂　洋　一
		香　月　正　登
	著　者	「子どもの論理」で創る国語授業研究会
	発行者	藤　原　光　政
	発行所	明治図書出版株式会社

http://www.meijitosho.co.jp
（企画・校正）大江文武
〒114-0023　東京都北区滝野川7-46-1
振替00160-5-151318　電話03(5907)6702
ご注文窓口　電話03(5907)6668

＊検印省略

組版所　藤　原　印　刷　株　式　会　社

Printed in Japan　　　　　ISBN978-4-18-307148-4
もれなくクーポンがもらえる！読者アンケートはこちらから